文庫ぎんが堂

プロ野球「悪党《ヒール》」読本

「組織の論理」に翻弄された男たちの物語

手束 仁

イースト・プレス

はじめに　なぜプロ野球ファンは「悪党《ヒール》」にひかれるのか

プロ野球にかぎったことではないが、スポーツの世界では悪くて強い「ヒール（悪役）」がいることで盛り上がることがある。かつてのプロレスがそうであったように、古今東西、大人気を博したスポーツ競技には必ずといっていいほど強烈な個性のヒールが存在していた。それはプロ野球の世界とて同じである。

しかし、何をもって人を「悪」と定義することができるのか。私が本書の企画を思いついたとき、たしかにプロ野球界のヒールについて一冊にまとめたらおもしろいという確信はあった。とはいうものの、どんな選手にでも愛するファンはいるし、私自身もすべてのアスリートに敬意を持っている。

また、ドラフト会議を30年以上取材し、野球を愛する者として、選手や監督の悪口ばかりを集めた「暴露本」の類いを書くことは絶対にしたくない。その点の折り合いをどうつけていくのか、担当編集者との打ち合わせは半年以上におよんだ。

「悪人」と「悪党」はまったく違う

私は以前、『プロ野球にとって正義とは何か』（イースト・プレス）という本を書いている。これは中日ドラゴンズにおける落合博満監督の事実上の解任と、ゼネラル・マネージャー（GM）としての復活について、関係者の声をもとにくわしく分析した本だ。

この中日をめぐる「お家騒動」でも、落合はファンサービスがよくない、強いけど試合がおもしろくないという理由で、当時のフロントはファンに人望があった高木守道監督を据えたが、チームは弱体化して、かえって人気は低迷した。

落合側もフロント側も、それぞれが自分の信じる「正義」に則《のっと》って行動したのであるが、それぞれが反対側から見れば「悪」の論理に見えるであろう。

そもそも「悪」とは何か。私が考えあぐねていたところ、たまたま書店で『悪党の金言』（足立倫行《のりゆき》著、集英社新書）という本を見かけた。外務省時代に犯罪者の汚名を着せられて500日以上も東京拘置所に勾留された作家の佐藤優《まさる》さん、敏腕検事から一転して闇社会の顧問弁護士となった田中森一《もりかず》さんなど8人のロングインタビューが載った本だ。

「世の正統に異議申し立てる者――悪党。」

この帯のキャッチコピーを見たとき、私の背筋に雷流が走った。「悪党」とは「悪人」でも「犯罪者」でもない。それなら、スポーツ界の「悪役」も、じつは「悪党」なのではないのか。

事務所に帰った私は、さっそく「悪党」の意味についてネット上の辞書類をチェックしてみた。「デジタル大辞泉」の冒頭には「1 悪事を働く者の仲間。2 悪人。悪者。」とあるが、「3 中世、特に南北朝時代、荘園《しょうえん》領土や幕府に反抗した荘民とその集団。」という意味が目にとまった。

さらに深く調べてみると、「悪党」には「既成権力に対抗する強い武士の集団」という意味もあるとのことだ。

日本国家が南朝と北朝の二つに分裂していた南北朝時代、足利尊氏《あしかがたかうじ》を中心とする武士によって京都に「北朝」が樹立された。これに対抗して、新田義貞など後醍醐《ごだいご》天皇の「建武《けんむ》の新政」を支持する人々は奈良の吉野に「南朝」を樹立した。

そこで登場したのが「悪党」の楠木正成《くすのきまさしげ》だった。尊氏に果敢に挑み、天皇から絶大なる信頼を得ていた正成だったが、天皇の政治の問題点に気づき、尊氏を中心とした武家政権の樹立が国家の安定には不可欠と見るや、天皇に義貞の切り捨てと尊氏との和睦をすすめている。しかし、天皇に拒否されると、その命令に従って湊川《みなとがわ》で尊氏と戦って自害しているのだ。

プロ野球にとって「悪」とは何か

そんな正成の姿は、プロ野球界の「ヒール」に重なって見える。チームやファンのためを思って歯に衣着せぬ態度で監督に意見し、時に造反するような行動を取るものの、最終的にはルールに従って、監督の采配の枠内で全力を尽くしてチームに貢献する。これを「悪党《ヒール》」といわずしてなんと呼ぶのか。

そして、知らず知らずのうちに、私たちはそんな役割を外国人選手に担ってもらっていた部分があったのだろう。そんな観点から外国人選手の章も設けてみた。

また、選手だけでなく、フロントや監督にも「悪党《ヒール》」はいる。プロ野球という組織社会においては、選手や監督だけではなく、球団を運営するフロント陣も含めてファンの関心は高い。そして、そんな経営陣のスタッフというのは、いうなれば権力者という立場でもある。ファンの視線はそういう立場の人間に対しては厳しい。だから、ひとつの発言や判断が厳しくファンのバッシングを受けることもある。そうして、勢い「悪党《ヒール》」になっていかざるをえなかったろうと思われる。

もっとも、プロ野球の場合は、多くのファンにとってはひいきチームというものがある。だから、ある人にとっては「悪党《ヒール》」と感じている選手や監督でも、違うファンの立場から見れば「ヒーロー」でもある、というケースはいくらでもある。勝負の世界であるから、それは当然のことであろう。つまり、「悪党《ヒール》」であるということは、もうひとつの側面では「ヒーロー」でもあるということもまた事実なのだ。

あるいは、そういったこととは別の位置で、みずからのキャラクターとして、あえて「悪党《ヒール》」ぶりを示していくような「悪党役《ヒール》」を買って出る」という選手もいる。

また、自分の思いとは裏腹に、ひとつのプレーや発言がきっかけで、意思に反して悪役像をつくりあげられてしまったケースもありそうだ。入団の経緯や報じられたコメントなどで、一時的にも「悪党《ヒール》」にならざるをえなかった選手や監督もいるはずだ。

本書では、そうした現実を踏まえたうえで、プロ野球をさまざまな形で盛り上げた

「名悪党《ヒール》」に焦点を当ててみた。

そして、その当事者たちがどのような理由で「悪党《ヒール》」のポジションを確立し、どんな影響を与えたかなどを分析するものである。

本書における「悪党《ヒール》」の定義

本書の目次を見て、「あれ？　あの選手や監督が載っていない」という方が多いかもしれない。本書では、あくまで権力者に対して異論を唱えつつも、みずからの「正義」を貫いて球界に貢献した人々を取り上げた。

読者のみなさんの頭のなかには、引退後に罪を犯して逮捕された元選手や、毒舌でメディアを沸かせた元監督などが思い浮かんでいるかもしれない。しかし、荒くれ者や毒舌でも、輝かしい実績を残してヒーローとしての比重が高かった人や、グラウンド外でのスキャンダルばかりが目立ち、アスリートとして捉えるには疑問が残る人は、筆者の主観ではあるが、本書では取り上げなかった。その点はご理解いただきたい。

また、ドラフト会議を30年以上取材し、球界に顔見知りが多い私の立場では、あまり「悪党《ヒール》」として書きにくい人もいる。不公平のないように人選を行ったが、そのような人々に対しては筆が甘くなっている箇所がないとはいい切れない。その点は今後の人脈を生かした取材で、さらにおもしろい情報をみなさんにお届けするということでお許しいただきたい。

いずれにしても、「悪党《ヒール》」という存在があってこそプロ野球が、より広く、大きく報じられて私たちのなかに広がっていったことだけは間違いない。また、そうした「悪党《ヒール》」をプロ野球の史実とともに振り返っていくことは、野球を見ていくうえでは欠かせないことでもある。つまり、「悪党《ヒール》」の歴史はプロ野球の歴史のひとつでもあるのだ。

いずれにしても、プロ野球というステージのなかでは、「悪党《ヒール》」はもうひとりの大事な「ヒーロー」でもあるのだ。

手束《てづか》 仁《じん》

プロ野球「悪党《ヒール》」読本　目次

第二章　外国人選手編

第三章　監督編

第四章　フロント、球界首脳編

第一章 日本人選手編

清原和博
江川 卓
桑田真澄
愛甲 猛
藤王康晴
加藤哲郎
元木大介
小池秀郎
福留孝介
那須野 巧
東尾 修
中村紀洋
伊良部秀輝
堀内恒夫
張本 勲
小川健太郎

巨人との入団契約を発表する江川卓(中央、1978年11月21日)
写真提供:日刊スポーツ新聞社

清原和博――なぜ「好青年」は「番長」に変貌したのか

きよはら・かずひろ――西武→巨人→オリックス。PL学園時代には桑田真澄とともに1年夏から甲子園に5季すべて出場。優勝2回、準優勝2回と圧倒的な結果を残す。ドラフト会議では巨人入団がならず涙の西武入団となったが、その後、FA（フリー・エージェント）で巨人入団を果たす。

四字熟語に「毀誉褒貶《きよほうへん》」があるが、それはまさに清原和博という選手に対するメディアの扱いのことではないかと思えるほどだ。それくらいに清原が1986年（昭和61年）に西武入りしてからFAで巨人に移り、やがてオリックスに移籍して引退という流れのなかで、そのキャラクターの変化が顕著なのである。

PL学園時代の清原は、1年夏から3年夏までのすべての機会で甲子園出場を果たしている。しかも、どの大会もベスト4以上という成績は、KKコンビといわれたPL学園の桑田真澄と清原をおいてない。甲子園で通算17本塁打を放ったときには実況アナウンサーを「甲子園は清原のためにあるのか！」と絶叫させた。そんな伝説を残した男は、当然のことながら、85年のドラフト会議で最大の目玉となった。

高校生選手では最大の目玉であるという自覚は本人にもあるのは当然だ。そして当然のように巨人を熱望し、巨人も清原の1位指名を明言していた。ところが巨人の1位指名は清原ではなく、同僚で早稲田大進学を打ち出していた桑田だった。

結局、6球団競合の末に西武がくじを引き当て、清原は「巨人桑田指名」に涙を流して、巨人への未練を残しながらも西武入りした。その西武では1年目から活躍する。入団の経緯もあって、清原に対しては、非情な運命を受け止めて、それでもひたむきに自分の世界で結果を出していく健気《けなげ》な好青年というイメージがつくられていった。

1年目の成績は打率3割4厘、打点78、本塁打31という数字で新人王に輝いた。チームは日本シリーズで広島を下して日本一になった。

黄金時代を迎えていた西武である。翌年も日本シリーズに出場する。相手は清原を袖にした巨人だった。その第6戦、西武リードで迎えた9回。日本一を目前にして、一塁の守備についていた清原は涙を流し始める。清原の巨人への純粋な思いの強さをうかがわせるシーンであった。

清原の純粋で爽やかな青年のイメージはさらに固まっていった。21歳9カ月という史上最年少での100本塁打達成や、23歳での1億円プレーヤー到達という勲章も得た。稀有《けう》のスーパースターとして、西武の看板選手というだけではなく、パ・リーグの看板選手として優勝8回、日本一6回を経験した。

ところが清原の巨人への思いは、そんな西武でつくりあげた自分のイメージをうっちゃってもなお余りあるものだった。FA権を獲得し、11年目を終えた96年オフ、清原はFA権を行使してセ・リーグへの移籍を希望した。気がついたらプレースタイルもいささか変化し、いつしか強烈な個性を発散するようになっていた。そんな清原の個性を求めて、セ・リーグ唯一の関西球団の阪神が名乗りを上げた。当時の吉田義男監督の「阪神のタテジマをヨコジマにしても欲しい選手」という迷言が話題となった。

しかし、清原の思いに対し、巨人の長嶋茂雄監督は永久欠番の〝3〟を与えてもいいとまで持ち出し、「僕の胸に飛び込んできなさい」とラブコールを送った。結局、清原は当初の希望をとおした。ただし、背番号は5に落ち着いた。

夢にまで見た「GIANTS」のユニフォームに身を包んだ清原だったが、西武時代とは立場も待遇も違っていた。当時、巨人には看板打者として生え抜きの松井秀喜が育ってきていた。一方で前年までの主軸だったFA権行使の先輩の落合博満が、みずからの意思で巨人を出ていった。優勝請負人のはずだった落合を追い出した清原というイメージを持たれた。だからマスコミやファンは早々に結果を求めた。

しかし、初めて対戦することが多いセ・リーグの投手に対しての戸惑いがあった。しかも結果が出ないとすぐにメディアなどで叩《たた》かれた。その批判は西武時代の比ではなかった。負け試合では、清原が一度でも好機で凡打すれば、その敗因を押しつけてくるような記事が多かった。気がついたら、いつしか清原は巨人のもたつきの原因であるかのような存在になってしまった。結果として清原の巨人1年目は4位。巨人としては6年ぶりのBクラスとなり、その戦犯として清原が挙げられた。

老舗球団として球界の盟主を自負する巨人は常勝軍団であらねばならなかった。ところが、それを新盟主となっていた西武から来た清原によって崩されたような形になってしまった。清原自身もプロ野球生活12年目で初めて味わうBクラスでのオフとなった。皮肉にも、それが憧れの巨人のユニフォームを着た1年目だったのだ。

ちょっと六本木に飲みに行っても、その姿をメディアに追いかけられるようになった。記事はいくらでもつくられた。写真週刊誌がそんな清原の姿を追いかけて「番長日記」なる記事をつくるようになった。写真という動作の断片的な部分を押さえて、それに対して好き勝手にコメントやら記事を書き込まれていった。事実に反することさえもおもしろおかしく書かれるようになって、いつしか悪党《ヒール》という存在となっていった。

もともと気性の荒いことで知られている大阪・岸和田の出身である。気に入らないときには関西弁でちょっとスゴむような態度を示して見せると、それも記事として取り上げられていって、ますます悪党像《ヒール》を固められていった。筋力トレーニングに励んだことで筋肉はたくましくつくりあげられていったが、それも強面《こわもて》なイメージを増長した。こうして、いつしか巨人・清原のイメージは、完全なる悪党《ヒール》となっていったのだった。

それでも01年には134試合に出場して打率2割9分8厘、29本塁打、たった一度の3桁打点121という数字を残した。しかし、9年間在籍した巨人で西武時代と遜《そん》色《しょく》ないと感じられたのは、この年の数字だけだった。05年オフに戦力外通告を受けてオリックスに移籍。2年間プレーして引退することになった。

しかし、16年2月3日、プロ野球がキャンプインして早々、清原の逮捕が報じられた。覚せい剤取締法違反（所持）容疑だった。やがて同使用容疑でも再逮捕された。「容疑者」となり、ヒーローの面影は消え、まさにヒールになってしまったのは残念だ。

江川 卓――いわずと知れた「悪党《ヒール》」の代表格

えがわ・すぐる――巨人。作新学院時代から「怪物」といわれ、センバツでは大会通算60奪三振の記録を樹立。法政大時代にクラウンライター（現西武）から1位指名されるも拒否し、浪人生活を経て、すったもんだのあげくに巨人に入団して現役9年で引退した。

プロ野球選手としての現役生活は9年。それでもこれだけメディアを含めてプロ野球を語る際に話題にのぼる選手は、やはり江川卓をおいてほかにないといっていいだろう。

というのも、やはり江川という選手は、プロ入りの経緯から引退に至るまで、絶えずなんらかの形でメディアで話題になり続けたからだ。ことに入団に関する経緯は社会問題になるくらいの騒動だった。そのことによってダーティーヒーローとしての像がつくりあげられていったという経緯があったからだ。

それまでの江川は、高校野球では最後の夏の甲子園では雨のなかの2回戦、延長で押し出しのサヨナラ負け。大学進学も第一志望だった慶應大受験に失敗。その後に進んだ法政大で活躍するものの、東京六大学記録にあと1勝届かず。そんなこともあって、どちらかというと悲劇のエースという印象さえ与えていた。

それが突如として悪党《ヒール》としての立場の野球人生が始まってしまうことになったのである。それは大学4年時の1977年（昭和52年）のドラフト会議で一番くじを引いたクラウンライターが江川を指名、それを本人が拒否したところから始まった。

江川が巨人入りを熱望していたことは事実だった。そして、その思いを強引に貫きとおしただけならば、志望球団にこだわったというだけですんだであろう。しかし、その後の展開が、江川をより悪党《ヒール》として存在させていくことになった。

それは本人の与《あず》り知らない場所で、みずからの意思を超えた、大人社会の都合も含めた部分で行われていたことだった。野球協約の条文の盲点を突いた、いわゆる「空白の一日」に、浪人していた江川が巨人と入団契約をして、それをドラフト会議の前日に発表してしまったのだ。

そのことによって江川本人のイメージそのものを悪党《ヒール》として位置づけしてしまったことは否めない。それに江川も半ば意図的といえるくらいに歯切れのいい返事を避けて、のらりくらりとかわしていく答弁で、それがまた取材陣をいらつかせた。そんなことを繰り返していくうちに、ついつい質問もケンカ腰のようになっていった。

「みなさん、そんなに興奮しないでください」

23歳の若者が発したその言葉が、さらにメディアの神経を逆なでした。江川としては同じような質問を繰り返されて、自分自身が悪の存在としてしか見られていないことに対しての、精いっぱいの抵抗だったろう。

たしかにドラフト会議で交渉権を得た球団が選手と交渉できるのは翌年のドラフト会議（この年は11月22日）の前々日までという野球協約の文言をそのまま解釈すれば、どこにも属さない日が一日だけ存在することになっていた。しかし、そこを突いて契約するのは正義ではないということで、「悪党《ヒール》江川」対「取材陣」という構図が成り立っていった。読売系以外のメディアはいずれも江川を悪党《ヒール》として扱った。系列新聞も世論を気にしてか、「巨人が取った態度は法的には正しい」という論調は極力抑え気味にして、淡々と事実だけを報じていくというスタイルを貫くことになった。

後見人として地元の有力代議士だった船田中《なか》が登場したことも、より取材陣を刺激した。いまとなってみれば、江川もある意味では「大人の都合」に翻弄されたというところである。しかし、あの段階では世論を敵に回したという空気が蔓延《まんえん》していただけに、どのメディアも江川側に立っての報道はなかった。

こうしてプロ野球選手になる前に悪党《ヒール》としての江川卓はつくりあげられていった。周知のように、結局、江川はいったんドラフト会議で交渉権を得た阪神と契約し、その後、巨人にトレードをするという運びになった。巨人からはじき出された形で阪神に移籍した小林繁が黙々と状況を受け入れて従ったことで、同情もあって悲運の男として称えられた。マスコミは「周囲を顧みないで強引に自分の要求を押しとおしていくこと」という意味で「エガワる」という造語も用いた。それが一種の流行語となったことで、さらに江川の悪党度《ヒールど》はアップしていった。

思っていた以上の大ごとになって、巨人としても79年シーズンは比較的おとなしく過ごし、ことの顛末《てんまつ》をファンに謝罪した。その結果として、江川を2カ月間の出場自粛とし、二軍で調整を命じた。

その結果、初登板は6月2日、因縁の阪神戦となった。ホームの後楽園球場だったが、悪党《ヒール》として阪神ファンからヤジを受けたのはもちろんである。江川はマウンドからスタンドに一礼したが、巨人ファンも複雑な思いで見守っていた。試合はマイク・ラインバックの3ランをはじめリロイ・スタントンや若菜嘉晴にも本塁打を打たれるなどして敗戦投手となった。初勝利は、その2週間後の17日の広島戦まで待つことになった。

1年目の江川は、それでも9勝をマーク。防御率2・80というまずまずのものだった。ところが、小林が対巨人戦8勝0敗で男の意地を示し、シーズン22勝を挙げて絶賛されたことで、ますます江川は悪党《ヒール》としての色を濃くしていかざるをえなくなっていた。

しかし、やはりその実力はずば抜けていた。80、81年と江川は2年連続で最多勝に輝く。81年には20勝を挙げて優勝に貢献し、MVPを獲得している。ところが、当時、プロ野球担当の記者投票で選ばれていた沢村賞は、投票権のある記者たちの心情に大きく左右された。「沢村賞の人格に江川は値せず」という新聞記事の影響もあり、結果として江川ではなく同僚の西本聖《たかし》に票が集まった。入団して3年という年月が経過しても、メディア側にとって、江川は悪党《ヒール》であり続けていたのだ。この結果は江川の悪党《ヒール》ぶりを如実に表す現象といっていいものだ。

結局、江川のプロ野球選手としての活躍は9年間だった。84年のオールスター第3戦では8人連続三振を奪いながらも9人目の打者（近鉄・大石大二郎。近鉄は現在オリックスに合併）に内野ゴロを打たれて快記録は達成にならなかった。こうした話題にはこと欠かなかったが、87年シーズン後半の9月20日、広島の小早川毅彦《たけひこ》にサヨナラ本塁打を打たれると引退を決意。「打ってはいけない禁断のツボに鍼《はり》を打った」と発言して鍼灸医《しんきゅうい》の団体からクレームを受けるなどして物議を醸した。球団は慰留したが、入団の意思と同様、退団の意思も固かった。

こうして入団から退団まで、時に「すごい投手だ」と思わせながらも、メディアのなかで何かと話題をつくりながら、江川はプロ野球の投手としては135勝72敗という記録を残して球界を去った。とてつもなくすごい記録ではないものの、番記者たちが集まって『江川ってヤツは…』（ネスコ）などという書籍が刊行されたことでもわかるように、明らかに記録よりは記憶に残る存在としてファンの間には定着している。それは、やはり当初の悪党《ヒール》としての存在感が大きかったからであろう。

果たして江川の全盛期とはいつだったのか。それも50代以上の野球ファンたちにとっては、いつも話題になることである。ある人は高校2年の秋、関東大会のときではなかったかという。ある人は高校1年の秋に頭部に死球を受けて入院するまでだったという。また、高校からそのままプロ入りしていたら、どんな投手になっていたのだろうか。いまだに興味は尽きることなく、語り続けられる存在であることだけは間違いない。

桑田真澄——頭脳的プレーでスキャンダルを払拭

くわた・ますみ——巨人→ＭＬＢ。ＰＬ学園時代には1年夏から5季すべてで甲子園出場を果たし、通算20勝（3敗）。２００6年（平成18年）に引退するまでプロでは通算１７３勝を記録。その後はメジャーに挑戦し、パイレーツに入団するも無勝利。

ドラフト制度が定着してきてからは、プロ野球の世界に入るのはドラフト会議を経なくてはいけないというのは、いまの時代では常識である。かつてはドラフト外という方法もあったが、アマチュア時代にある程度の実績がある選手であれば、ドラフト会議にかかるのは当然だった。

それでも指名される側としては希望球団があるはずだ。そして希望球団に外れれば、ほかの進路を選ぶ。そのことを明快に打ち出しておいて、指名の重複を極力避けるという方法が取られたケースもあった。

当時のドラフト会議は指名する側、される側がどちらも策を練り、さまざまな手段を考えていく戦術戦でもあった。高校生投手で1年と3年の夏に優勝、2年は春夏ともに準優勝と4度決勝に進出している桑田真澄。体は決して大きくないが、そのクレバーな投球は当然、プロ球界としてはぜひとも欲しい逸材だった。しかし、桑田本人は早くから進学希望を打ち出していた。しかも具体的に早稲田大とその学校名まで挙げていたのだ。

そんなこともあって、多くの球団は桑田指名を回避して、巨人志望を強く打ち出してはいるものの、指名すれば口説《くど》き落とせるという思惑もあって桑田のチームメートの清原和博に指名が集中した。そんななか、巨人は桑田を1位で強行指名。会場は一瞬唖然《あぜん》となった。「密約があったのか……」。ほとんどの関係者はそう勘繰った。桑田が悪党《ヒール》になった瞬間だった。

当然のことながら、巨人側は密約説を否定した。「とにかく桑田君が欲しかった」という回答に終始した。注目された入団交渉は、桑田が早稲田大受験を放棄したことで比較的すんなりいった。そんなこともあって、ますます密約があったのではないかという憶測は強まっていったが、本当のところは藪《やぶ》のなかである。ただ、事実としてはＰＬ学園と早稲田大の間には妙なしこりが残り、その後、ＰＬ学園の選手が早稲田大に進学するケースはほとんどなくなった。それほどまでに大学側にとってはスポーツ推薦枠で選手を獲得できるかどうかというのは、その部にとっての死活問題というくらいに重要なことなのだということをあらためて認知させた。

こうして桑田はプロ野球ファンからも学生野球ファンからも悪党《ヒール》視されていった。

1年目の桑田は周囲の喧騒《けんそう》をよそに淡々と調整を進めていき、5月25日に初登板。6月5日には完投で初勝利を記録したが、1年目は2勝止まり。しかし、2年目からは完全にローテーション投手になり15勝をマーク。周囲の騒音を淡々と結果を残していくことで封じ込めていったかのようでもある。

入団の経緯がクリーンではないという印象だけで、桑田はダーティーなイメージを持たれてしまった。しかし、これは決して本人の責任ではないが、マスコミを含めて、周囲はイメージや印象でものを語ることが多かった。それに対して桑田が寡黙をとおしたことで、悪党《ヒール》のイメージがさらに増していった。それでも結果がついてくることで、桑田の存在は巨人ファンの間ではエースとして評価されていくことになった。

そんな桑田に次の騒動が巻き起こった。これで鎮静しかかった桑田の入団の経緯どころか、もっと悪党《ヒール》のイメージを植えつけられることになってしまったのだ。それが桑田がアドバイザリー契約をするにいたった経緯などをスポーツ用品メーカーの販促担当者が執筆した暴露本だった。『さらば桑田真澄、さらばプロ野球』（リム出版）というタイトルの本の中身は衝撃的だった。

その内容の真偽は定かではないが、桑田をさらなる悪党《ヒール》に落とし込むには十分だった。アドバイザリー契約の代わりに多額の裏金を要求したとか、ソープランドの接待を強要したとか、不動産売買で資金をつくっているとか、そのあげくには登板日を漏《ろう》洩《えい》したなど、選手生命に影響するようなことまで暴露していった。そして桑田は「投げる不動産屋」などというありがたくないニックネームまでつけられてしまった。

この出版騒動は、たしかに球界の体質を一部強烈に批判したところがあったかもしれない。しかし、メーカー自体もその恩恵を受けてきたであろうし、その是非に関しては追及し切れない部分があったのもまた事実であろう。桑田サイドが名誉毀損で告訴するということになったが、最終的には野球賭博には関与していないということ、またそういう関係者との交流もないということを確認したうえで和解ということで落ち着いた。

その後、この騒動は著者本人がスポーツ用品業界を去り、一時はプロレス界に身を投じるなど破天荒な人生を送ったこともあり、最終的には何が真実だったのか曖昧なままになって、出版社そのものもなくなってしまった。バブル時代の現象のひとつだったのかもしれない。

こうした精神的な試練はあったが、桑田は肘の故障で戦列を離れるという肉体的な試練を味わった。しかし、その間にも復帰に向けて、ひたむきにリハビリとトレーニングを繰り返した。そして、97年シーズンに復帰を果たしたときには悪党《ヒール》のイメージはすっかりなくなっていた。

それどころか野球に対する真摯《しんし》な姿勢と分析力で、体が大きくない自分がいかにしてプロ野球で通用する投手になっていったのかということを、多くの野球少年や後輩たちに語る姿に感銘を受けるファンが多くなった。

入団のイメージで悪党《ヒール》となり、つきあいのあったスポーツ用品メーカーの担当者によって悪党像《ヒール》がつくりだされていった桑田だったが、それを自身のプレーと姿勢で払拭していったことで、野球人・桑田真澄の新たなイメージをつくり直したことに敬服したい。

愛甲　猛――一瞬の表情でアイドルから悪党《ヒール》に反転

あいこう・たけし――ロッテ→中日。1978年（昭和53年）夏に1年生エースとして甲子園に出場し、初戦で勝利投手となって一躍注目を浴びた。2回戦で敗退したものの、2年後の夏にはエースで四番となり、決勝では1年生投手の荒木大輔を擁する早稲田実を下して優勝を果たす。

2000年（平成12年）シーズンに20年間のプロ野球生活を引退した愛甲猛。ロッテ時代には535試合連続フルイニング出場などの記録を樹立し、オールスターゲームに2度選出されてスターの座を確保した。プロ野球選手のなかでは成功したほうだ。

しかし、愛甲の印象はそれ以上に、横浜高時代にエースで四番の重責を担いながら全国制覇の立て役者となった甲子園のスターという印象が強い。1年生でエースナンバーを背負って甲子園デビューし、2年後には全国制覇を果たすという申し分のない高校球児のように見えた。しかし、その実は違っていた。2年時には一時的に野球部を離れ、中学時代の不良仲間と接触していたことがあった。それを渡辺元智《もとのり》監督が呼び戻して、エース愛甲として再び甲子園のマウンドに立たせたのだった。

そんなこともあって、甲子園のヒーローながら、爽やかさというよりたくましさを感じさせる存在であった。素質は抜群という評価の愛甲だったが、この年は、大学生では東海大の原辰徳、社会人ではプリンスホテルの石毛宏典《ひろみち》が注目されていたドラフト会議であった。華のあるスターを求める巨人は原を指名し、大洋（現DeNA）、日本ハム、広島と競合したが、藤田元司監督が当たりくじを引いた。「西武指名ならばプロ入り」を公言していた石毛は阪急（現オリックス）と競合の末、抽選で西武が交渉権を獲得した。

この二人のスター候補の陰で、愛甲は高校生ナンバーワンといわれつつも、もうひとつ扱いは大きくなかった。愛甲は母子家庭であり、進路として大学野球という選択肢はなかった。基本的にはプロ一本という方針で、指名されればどこでも入団OKという態度を示していた。とはいえ本心では巨人か大洋という思いはあったようだ。その両方が原を指名したので、外れたほうの1位で、という思いがあったかもしれない。ところが指名したのは、当時は12球団でもいちばん人気がないといわれていたロッテだった。しかも単独指名ということで、そのまま交渉権が確定した。

指名を聞いた瞬間に見せた愛甲の表情は印象的だった。口を少しひん曲げて、「チェッ！」とでも口にしているような様子だったのである。その表情は何を物語っていたのだろうか。愛甲にとってロッテの指名は予想していなかったことかもしれない。事前に正式な挨拶に来ていなかったからだ。だが、ルールとしては突然の指名もありである。それに、スカウトが試合をいつも見に来てチェックしていたし、もちろん1位指名は名誉なことである。

しかし、18歳のちょっとやんちゃな男は、偽らざる気持ちを素直に出してしまったのだろう。愛甲のなかには、「それはないんじゃないの」という気持ちがあったのかもしれない。渡辺監督が父親代わりとなって入団交渉に立ち会って、さまざまな交渉は比較的スムーズにいった。ロッテも愛甲側の要求を受け入れてくれて、すんなり入団という運びになった。甲子園で本塁打を放っているバットコントロールのよさも評価されていたので、「打者で行ったほうが大成するのでは」という声もあった。それでも条件として3年間は投手として登録された。

ただ、最初の指名のときの表情がスポーツニュースなどで何度も映し出されていたので、多くのファンにイメージとして刷り込まれてしまっていた。だからロッテ愛甲は最初から悪党《ヒール》的なポジションからのスタートとなった。

とはいえ、春先のオープン戦では、愛甲が登板すると発表されると、川崎球場は公式戦以上の客が入った。甲子園のヒーローの入団で、地味な川崎球場は間違いなく華やかになったのだ。スポーツ新聞などの扱いも、愛甲が投げれば以前より大きくなった。しかし、投手・愛甲は3年間で61試合に登板したものの、1勝も挙げることができずに終わってしまった。二軍で投げていると「契約金泥棒！」などとヤジられ、ムッとして睨《にら》み返すこともあったくらいだ。

4年目のシーズンから愛甲は野手に転向することになった。その1年目はわずかに2試合で6打席に立ったものの無安打。それでも高校時代から打撃センスを高く評価されていた選手である。きっかけをつかんだら開花するはずという声もあった。そのきっかけを与えたのが、当時ロッテの主軸というだけではなく、パ・リーグを代表する打者となっていた落合博満だったのだ。落合の打撃理論に愛甲の感性がマッチした。落合の弟子となった愛甲は、転向2年目には初本塁打を放っている。落合ばりにスタンドに運ぶ本塁打だった。そして3年目には108試合に出場して一軍に定着。88年からは5年連続でフル出場するくらいまでに成長した。89年にはオールスターに出場し、この年は四番を打って3割3厘をマーク。甲子園のヒーローとして恥ずかしくないだけの実績を残した。

しかし、15年在籍したロッテだったが、調子を落としたらそのまま試合から遠ざかってしまい、追われるようにして中日に無償で移籍ということになった。その記事は小さかった。当時のメディアの扱われ方としては、セ・リーグとパ・リーグではかなり違っていたのだ。それでも中日では準レギュラー級として復帰。それなりの活躍をしていたが、ギャンブル好きもあって、好感度は下降していた。

引退後、『球界のぶっちゃけ話』(宝島社)という本を著している愛甲だが、そのなかで「紳士の遊戯」としてギャンブルと下半身事情についてかなり赤裸々に描いている。まさに「ぶっちゃけ」なのだが、そんなところからも、いかに愛甲がギャンブルにハマっていたのかがうかがい知れよう。もちろんギャンブル好きで女好きだから悪党《ヒール》ということではない。しかし、愛甲がプロ入りしてから引退するまで、さらには引退後も球界周辺で悪党《ヒール》の匂いを醸し出しているのは、それはそれで魅力といっていいだろう。失踪説などさまざまな憶測情報が流されていくなかでも、愛甲は健在のようである。先日、清原和博の逮捕報道でも、「遅かったんじゃないですか」などとコメントしていた。

藤王康晴――安打製造機からスキャンダル製造機に

ふじおう・やすはる――中日→日本ハム。享栄で１９８３年（昭和58年）のセンバツに出場して四番として11打席連続出塁の記録を樹立し、同年のドラフト1位で中日に入団。やや伸び悩んでドジャースのファームへの留学などもしたが、90年に日本ハムに移籍して3年で引退。

高校野球のさかんな愛知県は、甲子園での通算優勝回数も大阪府（２０１４年夏の大阪桐蔭《とういん》まで21回）に次いで2番目の18回を記録している。そんな野球どころのプロ球団が中日ドラゴンズだ。だから中日としても、地元の高校野球で人気があった選手はぜひとも獲得したいのは当然のことである。そして鳴り物入りで入団した選手がその期待に応えて大活躍する。そんな構図を描くのはフロントもファンも同じであろう。

１９８３年（昭和58年）のドラフト会議は、そんな中日にとって願ったりかなったりだった。いや、少なくともドラフト指名を終えて翌年のキャンプまではそうだった。

この年の愛知県では、打者としては享栄の藤王康晴、投手としては中京（現中京大中京）の野中徹博が双璧だった。春の甲子園に出場したのは享栄で、藤王はその舞台で11打席連続出塁という記録を樹立し、3試合で10打数9安打3四球、打率9割という数字を残し、打撃のたしかさを存分に見せつけていた。夏の愛知大会は、その享栄を決勝で下した中京が甲子園出場した。水野雄仁《かつひと》の池田に準々決勝で敗れたが、野中も評判どおりの投球を見せた。

秋のドラフト会議で、中日としては藤王か野中かのどちらかを獲得したいと考えていた。それは球団の意向であるとともに、ファンの願いでもあった。いわゆる入札制ドラフトとなって6年目、各球団もそれぞれのドラフト戦術ができてきたころでもあった。

競合承知で藤王に行くか、うまくいけば単独指名の可能性もある野中で行くか迷ったあげく、藤王を1位入札した。蓋を開けてみたら、東海大の高野光（ヤクルト）に4球団が競合したものの、高校生は創価の小野和義（近鉄）が3球団競合で、藤王は中日、水野は巨人の単独指名だった。こうして、すんなり藤王の中日入りが決まった。

藤王の打撃フォームは、あのイチローがスポーツ少年団で野球をやっていた小学生のころにいちばんの手本としていたくらいに野球少年にとっては憧れの的だった。イチローは藤王と同じく右投げ左打ちだった。藤王の打撃は外のボールに対してバットの反応がよく、計ったように三遊間を抜いていく打球が多かった。さらには内側に甘いボールが来ると、鋭く振り抜いてライトスタンドまで運んでいくパンチ力も兼ね備えていた。甲子園で大記録をつくったことで、藤王の顔は野球をあまりよく知らない人にも覚えられるくらいになっていた。

社会人野球の強豪・西濃運輸での監督歴もあり、厳しさでは定評のあった柴垣旭延《あきのぶ》監督をして「藤王は、飛距離と打球の速さでは、現在の高校野球ではトップクラス」といわしめるほどの選手だった。三遊間を破る打球の速さは特筆ものだった。

この打撃センスは野中の投球より上という中日の評価だった。ちなみに野中は高野に入札してくじで外れた阪急が外れ1位で指名した。さすがに中日が投打の地元のヒーローを同時に獲得することはできなかったが、3位で横浜商の三浦将明を指名し、5位でおまけ的に日大藤沢の山本昌広（現山本昌）を指名し、満足の行く結果だった。

藤王に対する期待は高く、高校生新人としては異例といっていい背番号1を与えられた。これは82年まで高木守道がつけていたものである。高木はコーチになっても背番号1をつけていたが、この年かぎりでユニフォームを脱いで空き番号になっていたものだ。それを高校から入団した新人の藤王に与えたのだから、球団としての期待の高さがうかがわれるというものである。

球団としては、将来的には三番に定着して3割、30本塁打という背番号1にふさわしい大記録のイメージも描かれていたのではないだろうか。入団前からの期待の大きさは、地元メディアを含めて必要以上に煽《あお》られており、入団決定以来、藤王は連日のように地元のメディアに引っ張り回された。高校を卒業したばかりの18歳の若者が、そうやって周囲からちやほやされていけば、よほど芯がしっかりしていないかぎり、自分自身を見失う危険性があるのは当然だろう。しかし、そんな心配をする大人より、周囲に群がって持ち上げる大人のほうが多かった。

それでも1年目の藤王は34試合に出場し、13安打、打率3割6分1厘、2本塁打を放つという、高校生新人としてはまずまずの数字を残した。2年目の飛躍が期待されたが、出場試合数は39で66打席に立ったにもかかわらず、安打数は前年と同じ13。本塁打はわずかに1本。「オフタイムの過ごし方がよくなかった」と支援者たちに連れ回されたことを懸念する声も多くなってきた。明らかな練習不足だった。

フォーム改造に取り組んでみたが、みっちり練習し切れていなかったということである。鳴かず飛ばずで4年間が過ぎていき、「0からの出直し」という意味を込めて背番号は0になった。4年間背負った背番号1は享栄の後輩である近藤真一（現真市）に与えられた。背番号0でも結果は出なかった。球団は88年にドジャースのファームに留学させ、何かきっかけをつかむことを期待していた。しかし、帰国した翌年の成績は入団以来最悪の22打数3安打で、オフには日本ハムへのトレードがいい渡された。

日本ハム移籍1年目の90年は、新天地で一本足打法に改造した成果もあってオープン戦から好調で一軍に定着。75試合に出場し、2割4分6厘と数字を残した。しかし、それはパ・リーグ1年目だけで、結局、日本ハムでは3年間過ごしただけで、92年オフにユニフォームを脱いだ。通算237試合出場で418打数92安打、打率2割2分という数字を残して、9年間在籍したプロ野球の世界から静かに身を引いたのだった。

03年にコンビニエンスストアで暴行事件を起こし、「元プロ野球選手が暴行」と記事で完全に悪党《ヒール》の代表として扱われてしまっていたのが残念だった。新人時代にきちんと導いてあげる大人がいてほしかった。

その後、地元・名古屋の社会人野球チーム「矢場とんブースターズ」に監督として招かれて盛大に会見を行ったが、長くは続かなかった。

加藤哲郎——近鉄の敗退は本当に「失言」が原因だったのか

かとう・てつろう——近鉄→広島→ダイエー（現ソフトバンク）。宮崎日大から1982年（昭和57年）のドラフト1位で近鉄に入団。当初の中継ぎから、やがて先発としても活躍し、89年の優勝に貢献。巨人との日本シリーズ第3戦後に「暴言」を吐いたとして日本中からバッシングされた。

プロ通算成績、17勝12敗6セーブ。

お世辞にも一流プレーヤーとはいえない数字だ。しかし、加藤哲郎という名前は多くのプロ野球ファンの記憶に強く刻み込まれている。いわゆる「舌禍」といえるものだったのかもしれないが、のちに「暴言」といわれるようになってしまった発言の真意は、じつはインタビューする側の誘導尋問だったのだ。しかし、それにうまく乗せられてしまったことで悪党《ヒール》の汚名を頂戴してしまったのだった。

1982年（昭和57年）、宮崎日大からドラフト1位で近鉄に入団した加藤は、速球が武器の本格派投手として期待された。当初は主に中継ぎとして登板していたが、88年ごろからは先発でも活躍するようになった。

この年は仰木《おおぎ》彬《あきら》監督の1年目。常勝軍団で王者としての立場を守り続けていた西武をあと一歩まで追いつめながら優勝を逃した、伝説のロッテとのダブルヘッダー「10・19」（162ページ参照）にも加藤は登板している。仰木近鉄の勢いそのままに、加藤も持ち前の強気のピッチングで近鉄の顔のひとりとなっていた。

翌89年、近鉄は西武とのダブルヘッダーをラルフ・ブライアントの4打席連続本塁打で連勝し、10月14日のダイエー戦に勝利して2年越しで悲願のリーグ制覇を成し遂げることになる。その記念すべき試合に先発したのが加藤であり、見事に勝利投手となっている（胴上げ投手は阿波野《あわの》秀幸）。

そして迎えた日本シリーズで、近鉄はセ・リーグの覇者である巨人と対戦。ホームの藤井寺球場で開幕したシリーズは、近鉄がシーズン終盤の勢いを持続して連勝。舞台を東京ドームに移した第3戦にも勝ち、無傷の3連勝で王手をかけた。

この試合に先発して勝利投手になったのが加藤だった。試合後にお立ち台でヒーローインタビューを受けた加藤は、「巨人はロッテより弱い」と発言したとして論議を呼んだのである。このひと言で悪党《ヒール》となってしまったのだ。

当時、ロッテは2年連続最下位を独走し、パの最弱チームだった。そのロッテより、セの覇者であり、しかも2位広島に9ゲームの差をつけて優勝した巨人のほうが弱いというわけだ。この発言は巨人ファン、関係者、さらには巨人寄りの解説者など多くの人々を激怒させた。翌日には「暴言」として報道され、ヒーロー投手だった加藤の名前は一気に「悪党《ヒール》」として全国に知れ渡った。

しかし、実際には加藤は「巨人はロッテより弱い」とは口にしていない。ヒーローインタビューでは「シーズン中のほうが、よっぽどしんどかった……」という内容の発言をしただけだ。では、どうして問題発言が生まれたのか。

真相は、試合後にスポーツ新聞の記者から「いまの巨人なら、ロッテより弱いのでは？」と聞かれ、「投手はいいけど、打線はあかんね」と答えたことに端を発している。そして、そんな発言内容が重なっていって、いつの間にか記者によって強烈な見出しに使われたのだった。いわばマスコミの捏造《ねつぞう》であり、当の加藤自身が翌日からの大騒ぎとバッシングに戸惑ったようだ。

じつは加藤も被害者だったのだ。しかし、そんなことは認めてもらえないし、許してもらえない。何より巨人ナインの怒りは半端ではなかった。

シーズン終了ギリギリまで優勝争いをしていた近鉄に対し、巨人は早々に優勝を決めていた。日本シリーズまで緊張した試合がなかったということもあり、選手はなかなかエンジンがかからない状態が続いていたことはたしかである。

しかし、やはり実力のあるチームだ。満を持して挑んだはずの日本シリーズでいきなり3連敗。これであとがなくなったことに加え、加藤の勝ち誇った発言を聞いて王者の目が覚めた。

斎藤雅樹、桑田真澄、槙原寛己《まきはらひろみ》、宮本和知、香田勲男《いさお》と充実した投手陣に加えて、篠塚利夫（現和典）、原辰徳、ウォーレン・クロマティ、岡崎郁《かおる》、駒田徳広など強力打線を擁する巨人の地力は、もともと近鉄の戦力を上回っていた。

まず第4戦で香田が近鉄打線を封じて一矢を報いる。すると続く第5戦には日本シリーズで絶不調だった主砲の原が満塁本塁打を放つなど3連勝で巻き返した。3連敗のあとの3連勝で3勝3敗のタイとなって、最終戦にもつれ込んでいった。

そして迎えた第7戦に再び先発したのが加藤だった。先発・加藤というだけで巨人の選手の闘志にはさらに火がついた。ここまでの戦いでも、いつしか両チームの勢いは完全に逆転していたことはいうまでもない。加藤は2回に駒田に先制本塁打を打たれるなど3回3失点で早々に降板。ベースを一周する駒田には明らかになじられていた。散々な目にあってしまったのだ。

試合はそのまま巨人が勝利し、3連敗後の4連勝での日本一という歴史的な大逆転優勝を果たした。結局、加藤の発言は巨人ナインの起爆剤となったわけで、口が悪い野球ファンからは「陰のMVP」と称された。また、04年に球団が消滅するまで、ついに日本一になれなかった近鉄ファンからは、「あのときの加藤のひと言がなかったら……」と、いまも悔やまれるシーンとなっている。

前述のように冤罪《えんざい》の要素が強いが、みずからの発言で巨人がロッテよりはるかに強いことを証明してしまった加藤は、同年の7勝が最多勝利。翌年からは肩の故障に悩まされ、広島、ダイエーと移籍するが、ほとんど活躍できずに引退した。だが、いまも日本シリーズでの発言がテレビなどで取り上げられ、しばしば本人も登場して元気な姿を見せている。

「口は災いの元」だったかもしれないが、この一件で忘れられない存在にもなれた。

元木大介——甲子園のスラッガーが「クセ者」に豹変

もとき・だいすけ——巨人。上宮《うえのみや》時代からスラッガーとして知られ、甲子園では歴代2位となる6本塁打をマークした。ドラフト会議では熱望する巨人に指名されず一浪。翌年に入団後は勝負強いバッティングや内外野どこでも守れる器用さでバイプレーヤーとして活躍。

1969年（昭和44年）の夏の甲子園で決勝に進出、延長での死闘と甘いマスク、野球後進県である青森代表のエースとして奮闘する姿から一躍全国区の人気者となった三沢の太田幸司（近鉄）を元祖として、甲子園ではときおり〝アイドル〟として多くの女性ファンの注目を集める存在が現れる。

島本講平（箕島《みのしま》→南海＝現ソフトバンク）、定岡正二（鹿児島実→巨人）、原辰徳（東海大相模《さがみ》→巨人）、荒木大輔（早稲田実→ヤクルト）、斎藤佑樹（早稲田実→日本ハム）……などなど、爽やかで凛々《りり》しいルックス、スマートなプレーで女性を中心としたファンに愛され、まさにベビーフェイスと呼ぶにふさわしい選手たちだ。

彼らの共通点として、高校を卒業後にプロや大学に進んでも高校時代のイメージをどこか残していたところがある。もちろん実力もそれなりのレベルにあったということともあるが、高校時代の人気を維持し続けていた。

逆にいえば、甲子園で残したイメージに支配され続けていた、ということもいえる。年を重ねたいまもどこか若々しいルックスで、少年時代の面影を残しているように感じる。

だが、プロ入り後にみずからのイメージを一変させてしまっただけでなく、悪党的《ヒール》なイメージに変貌して高校時代のファンを泣かせた（？）アイドルがいる。元木大介である。

古風ながら、いわゆる男前のルックスが上宮のシンプルなユニフォームによく映えていた。またアイドル的人気を獲得した選手の多くは謙虚で、ファンに取り囲まれたり、記者の取材に応えたりするときでもどこかそっけない対応を取るなか、元木はファンに対して愛嬌《あいきょう》を振りまき、雰囲気も派手なところがあった。その天真爛漫《てんしんらんまん》さは、それまでの高校球児像を超えたスケールの大きさを感じさせていた。

そんな元木が初めて甲子園の舞台に立ったのは88年のセンバツだった。準々決勝で敗れたが、最初の本塁打を放っている。この当時から野球センス抜群で、走・攻・守三拍子そろった大型遊撃手として注目を集める存在だった。

平成最初の甲子園となる89年のセンバツではスラッガーとしての本領を発揮することになる。初戦の市立柏《かしわ》戦で2打席連続本塁打を放つと、準々決勝の仙台育英戦でも一発を放ち、大会最多タイとなる3本塁打をマーク。この大会での活躍で一躍アイドル的存在として人気を集めることになった。

決勝の東邦戦では劇的な負け方を喫したが、そんなエピソードもアイドルにふさわしい悲劇性として、さらに人気を高めることになる。

最後の夏となった89年夏の甲子園は大会前から〝元木フィーバー〟によって異様な盛り上がりを見せていた。

初戦の丸子実（現丸子修学館）戦ではさっそく2本塁打を放ち、ものが違うところを見せつけた。だが、調子に乗りすぎたのか3回戦の八幡《はちまん》商戦では内野フライを打ち上げて一塁に走るのを怠り、野手が落球したにもかかわらずアウトとなって監督に叱《しっ》責《せき》されるというひと幕もあった。思えば、このあたりにも、のちの悪党《ヒール》的な性格が顔をのぞかせていたのかもしれない。

結局、最後の夏は準々決勝で敗れて優勝こそ果たせなかったが、甲子園通算6本塁打はあの怪物・清原和博の13本に次ぐ2位で、桑田真澄に並ぶ大記録であり、抜群のルックスとスター性で、ドラフト会議では当然、目玉のひとりとして注目された。

元木は人気球団・巨人の指名を熱望する。しかし、運悪くこの年は野茂英雄（新日鐵堺）を中心に、社会人や大学生などの即戦力選手が大豊作のシーズンであった。巨人は1位で慶應大の強打者・大森剛《たけし》を単独で指名する。

元木を指名したのは野茂を抽選で外していたダイエーであった。福岡に移転して間もなく、スタープレーヤーが欲しかったチームにとって、人気者の元木はうってつけの人材だった。

しかし、元木は記者会見で涙を流し、ダイエーの1位指名を拒否して巨人入りにこだわった。ハワイへの野球留学という形で浪人生活を送り、翌年あらためてドラフト会議で指名されて巨人入りを果たした。

ハワイではまともに練習できる環境ではなかったため技術を磨くことはできず、マスメディアの前にはまるまると太った姿を披露している。かつてのアイドルらしさは完全に影をひそめた。

だが、この1年間で元木が得たのは精神的な成長だった。プロ入り後は元木の魅力のひとつであった長打力をあっさり捨てた。選手層が分厚い巨人で生き残るためということもあったのだろうが、勝負どころでの技ありの巧打でチームにチャンスをもたらした。

また、守っても本職の遊撃にこだわらず、二塁や三塁、時には外野も守るなど、使い勝手のいいユーティリティープレーヤーへと変身を遂げたのである。

ふてぶてしさに加え、要所要所でいやらしいプレーを見せたことから、当時の長嶋茂雄監督からは〝クセ者〟の愛称を頂戴するなど、巨人以外のチームからはすっかり悪党《ヒール》として見られるようになっていた。

当時の巨人が潤沢な資金をもとにスタートしたばかりのFA制度や逆指名ドラフトで大物選手をかき集め、チーム自体が悪党《ヒール》的なイメージをつけられていたこともあるだろう。また、巨人への移籍後に球界の番長として強面なイメージとなっていた清原の弟分的なキャラクターとなっていたことも大きい。

甲子園のアイドルがパブリックイメージの出発点だった選手のなかで、プロ入り後に180度雰囲気を変えた選手は元木くらいだろう。だが、ほかのアイドル選手と唯一共通するのは、現役にこだわらず、チームから戦力外と判断されると躊躇《ちゅうちょ》なく引退を選んだ去り際のよさぐらいだろうか。

小池秀郎——8球団競合→ロッテ指名拒否で人生が暗転

こいけ・ひでお——近鉄→中日→近鉄→楽天。信州工（現都市大塩尻）を経て、亜細《あじ》亜《あ》大では左腕の速球派として東都リーグの奪三振シーズン記録を塗り替えた。ドラフト会議では最多タイの8球団入札の末、ロッテの指名を拒否。その後、松下電器（現パナソニック）を経て、近鉄に単独1位指名で入団。

人気球団に大物のアマチュア選手が集中しないよう、公平な入札制度の採用による戦力の均一化を目指して導入されたドラフト制度。巨人とその他のチーム、あるいはセ・リーグとパ・リーグの人気格差が大きかったころ、ドラフト会議の時期には志望球団に指名された者と、そうではなかった者の間で悲喜こもごもの表情が見られた。

なかでも、つねにドラフト会議を賑《にぎ》わせてきたのが巨人入りを熱望した男たちだ。阪急、クラウンライターと2度の指名拒否を行った江川卓（法政大）をはじめ、元木大介（上宮）、内海哲也（敦賀気比《つるがけひ》→東京ガス）、長野《ちょうの》久義（日本大→Ｈｏｎｄａ）、菅野智之（東海大）など、たとえ遠回りをしてでもジャイアンツのユニフォームにこだわった男たちは少なくない。

彼らは彼らで、初志貫徹という意味ではブレずに思いを貫いた、ということで評価する向きも多い。巨人入団後もしっかり活躍しており、やるべきことをやっているので文句はつけられない。

一方で、1989年（平成元年）のドラフト会議で「指名されたらどこにでも行きます」という姿勢で臨み、8球団の重複の末に近鉄に入団した野茂英雄（新日鐵堺）のような男もいる。

このように、指名されたらどこにでも行く、あるいは志望する球団にしか行きたくない、という一貫した姿勢があれば問題ないのだが、なかにはそこまでのポリシーがなかったにもかかわらず、プロの指名を拒否した選手もいる。その代表例が小池秀郎だ。

高校時代は甲子園とは無縁だったが、亜細亜大ではエースとして活躍。4年の春季リーグでは当時の記録となるシーズン111奪三振を記録したほか、チームを大学日本一に導いた。通算394奪三振は当時のリーグ記録で、大学通算28勝。東都のドクターKと呼ばれ、アマチュアナンバーワン左腕の評価を受けた。

前年のドラフト会議では野茂ら社会人、大学出身の投手たちが即戦力で活躍しており、レベルの高い東都で圧倒的な活躍を見せた小池も、1年目から投手タイトルを獲得する活躍を見せてくれるはずと各球団のスカウトが踏んでも不思議ではない。

前年の野茂のように多くの球団が小池の指名に踏み切るものと予想されたが、ドラフト会議の最大の目玉は事前に〝予防線〟を張った。「ヤクルト、巨人、西武以外の指名はお断り。3球団以外なら社会人に進んでバルセロナ五輪を目指す」というものだ。在京志向が強かったこと、「フロントがしっかりしている」ことが主な理由だった。

巨人はなんといっても名門球団であり、西武は黄金時代真っただなか。当時はまだ低迷していたヤクルトは、フロントがしっかりしているかといわれれば疑問だが、大学で慣れ親しんだ神宮を本拠地としており、選手の引退後の面倒見がよかった。入団を希望しても不思議ではない。

しかし、前述の江川らのように「巨人だけ」といった強硬な姿勢は見せておらず、複数のチームを意中として挙げているということは、その3球団以外でも、条件によっては入団してくれるのでは……そんな一か八《ばち》かの賭けとして果敢に指名に踏み切った球団が多かった。

ドラフト会議の当日、小池に入札したのは阪神、ヤクルト、ロッテ、中日、日本ハム、近鉄、広島、西武の8球団。前年の野茂に並ぶ最多タイとなった。小池が希望する3チームのうち、巨人は一浪して指名を待ってくれた心意気に応えて元木大介を指名している。

迎えた抽選。8分の1という厳しい確率の末に引き当てたのはロッテだった。その瞬間、球団事務所で見守っていた監督の金田正一《まさいち》は喜色満面でガッツポーズを見せた。

一方、大学のモニターで抽選を見守っていた小池は涙を流し、「ロッテはいちばん避けたかった球団。行くことはまったく考えていない」と語った。社会人に行きますその後、テレビなどのメディアへの出演をキャンセルするほどの落ち込みようだった。

その後も必死に接触を図り、説得を試みるロッテに対し、小池は冷淡な態度を取り続けた。亜細亜大の矢野祐弘《すけひろ》総監督も小池を支持した。

巨人志望などの強い理由がなかったにもかかわらず拒絶し続ける小池の態度には、ロッテというチームに対する印象の悪さがあからさまに見えていた。

たしかに当時のロッテは優勝から遠ざかり、暗く薄汚れた川崎球場が本拠地で、観客席はガラガラというありさまだった。しかもパ・リーグのチームである。アマチュアで実績のある選手が好んで入りたいというチームではなかったことは間違いない。

だが、前年の野茂が入団した近鉄にしても、パ・リーグの不人気球団である。文句ひとついわずユニフォームに袖をとおし、みずからの活躍によってお客さんを呼び込んでいる。

結果として、小池はプロ野球ファンに「不人気球団を振った男」という印象を持たれてしまった。イメージは必ずしもいいものではなかった。こうして小池の悪党《ヒール》的な立場がかたちづくられていった。

小池は松下電器に入社したが、肘の故障のためあまり活躍することができず、2年後のドラフト会議では「僕を必要としてくる球団ならば、どこにでも行きます」と大幅に譲歩している。だが、松井秀喜（星稜《せいりょう》→巨人）や伊藤智仁（三菱自動車京都→ヤクルト）に人気が集まるなか、小池を指名したのは近鉄1球団だけだった。

小池は5年目の97年に15勝を挙げたが、目立った活躍はその程度だった。13年間で残した勝ち星は51。引退後はクラブチームなどでプレーした。

もし弱小チームや不人気チームを己の腕で引っ張ってやるという気概を見せてロッテに入っていたらどうだっただろうか。「男・小池」と奉られ、野茂やその後に台頭したイチローとの対決により、パ・リーグの盛り上げ役になったかもしれない。そしてメジャーという選択肢も出てきたろう。プロ野球界での立ち位置も大きく変わっていたはずだ。

福留孝介――「情」より自分の意思を貫く男

ふくどめ・こうすけ――中日→MLB→阪神。PL学園では1年秋から四番に定着。甲子園には3度出場している。高校通算40本塁打が評価され、1995年（平成7年）のドラフト会議では7球団が競合し、近鉄が交渉権を得るも拒否して日本生命へ。3年後に逆指名で中日に入団。

1995年（平成7年）に野茂英雄がメジャーの舞台に進んで活躍を見せて以来、日本プロ野球選手たちのメジャー志向がヒートアップしてきた。いまではプロ入り前からメジャーという目標を公言する選手も現れるくらいだ。それだけメジャーの野球そのものが日本人選手にとって近く感じられるようになったのはいいことなのかもしれない。また、実際にメジャー入りするのが、選手としてのひとつのステータスとして捉えられている傾向もあるだろう。

しかし、日本という土壌で高校野球から育っている選手がほとんどのはずだ。そして、多くの野球少年たちにとっては、日本のプロ野球は憧れの場であって、メジャーの下部組織でもなければ、メジャーでお役御免となった選手の受け皿でもない。ところが現実には、メジャーで思うように活躍できなくなると日本球界に復帰する選手が多い。あっさりメジャーを見切ってセンセーショナルに戻ってきた新庄剛志（日本ハム）もそうだったが、中村紀洋（オリックス）、井口資仁《ただひと》（ロッテ、現監督）、川上憲伸《けんしん》（中日）に西岡剛（阪神）、松井稼頭央《かずお》（楽天）といったところも出戻りである。

そういった日本球界復帰組の活躍を見ると、いくらか複雑な気分になる。メジャーで通用しなくなったあと、次の活躍の場として「日本球界」というのは、あまりに虫がよすぎるのではないだろうか。現役にこだわりたい気持ちは十分に理解できるとしても、「メジャーでやってみてダメだったから、滑り止めで日本でやろう」みたいに思えてしかたがないのだ。そんな思いのファンは少なくないはずである。福留孝介の日本球界への復帰を見ていて、そこに「値踏み」が垣間見《かいまみ》えて、さらに「これでいいのかなぁ」という気にさせられたものだ。ファンは敏感に感じ取っているのだ。

12年11月、それまでメジャーでプレーしていた福留は、出身母体である中日を含めて何チームかに打診したあとに阪神入りが発表された。福留側は入団の意向を伝え、阪神とともに獲得に動いていたDeNAには断りの連絡を入れたという。

「福留のメジャー時代にオフの練習場を提供していたのは、どこの誰だと思っとるんだ」と、あからさまに嫌悪感を示した中日関係者やファンもいた。

鹿児島県出身の福留はＰＬ学園に野球留学したエリートである。１年秋から四番を任されて、３年夏の大阪大会では決勝の市岡戦までの８試合で７本塁打をマーク。ＰＬ学園の先輩である清原和博の５本を更新した。甲子園でも１回戦で２打席連続本塁打を放ち、檜舞台《ひのきぶたい》で逸材ぶりを見せつけた。

そして95年のドラフト会議では、実力派の大学や社会人選手は逆指名制度で入団を決めるシステムだったということもあって、逆指名権のない高校生の福留に注目が集まった。指名したのは巨人をはじめ中日、ヤクルト、近鉄、日本ハム、ロッテ、オリックスの７球団だった。高校生選手に対する７球団１位指名競合というのも、これまた先輩である清原の６球団１位指名競合を上回るものだった。福留は本塁打でもドラフト指名でも偉大な先輩を超えていたのだ。

交渉権を引き当てたのは近鉄の佐々木恭介監督で、会場に響き渡った「よっしゃー！」の歓喜の叫びは期待の大きさを表していた。ところが福留はあっさり、「意中の球団は巨人か中日」といって日本生命に進んだ。日本生命では先輩の杉浦正則から「やがてはプロに行くのかもしれないけれど、腰かけのつもりやったらいかんぞ」と心構えを諭された。

結局、福留は社会人野球を3年間経験し、98年ドラフトでは希望どおり中日を逆指名して入団する。しかし、一度プロ入りを拒否しての逆指名ということもあって、マスコミの反応は、なんとなく悪党感《ヒール》を匂わせるものが多かった。

それでも1年目からレギュラーに定着してリーグ優勝に貢献。02年には打率3割4分3厘(186安打は球団新記録)を記録して首位打者を獲得するなど、長く中日の顔としての存在感を示していた。

ところが07年オフにメジャー挑戦を宣言。カブスでプレーすることになり、メジャーでの開幕戦で9回裏にバックスクリーンに飛び込む同点3ランを放つなど華々しいデビューを飾った。しかし、結果的には好不調の波があって、11年シーズンの途中でインディアンスにトレードされている。その後、さらにホワイトソックスに移り、12年7月にはヤンキースとマイナー契約。傘下の3Aスクラントンでプレーしていたが、メジャー昇格を果たすことなく9月3日に自由契約をいい渡された。「ドラゴンズの生え抜きから初のメジャー挑戦ということを誇りに持ち、いままでの9年間をムダにしないよう頑張っていきたいと思っています」という思いとは裏腹な結末になった。

福留はこの段階で満足してしまったのか、あるいは納得したのかはわからないが、「もうメジャーでの道はない」と判断したのだろう。そして、すぐさま「日本球界復帰」に舵《かじ》を切ったのである。

「元メジャー」というのを勲章としたのかどうか、福留も復帰先を求めていった。福留のプロ入りの経緯から、メジャーに挑戦していった流れ、さらにはその後の練習環境の提供など周囲のことを見回してみれば、金銭だけではないものもあったのではないだろうか。

福留がメジャーから戻る際に、もちろん古巣の中日はオファーを出した。「めちゃくちゃ安い提示をしたとは思っていない」と球団は認識している。しかし、それ以上の評価をしたという阪神を選んで入団したのである。高校、社会人時代を過ごした大阪への愛着もあったのかもしれない。中日はマネーゲームをするつもりはなかったという判断だった。井手峻《たかし》編成担当は「どうしても欲しい選手ではなかったということです。ただ彼にも郷愁の念があるはず」という言葉を残したが、中日ファンにとっては悪党《ヒール》という印象は否めない。ナゴヤドームでの阪神戦でファンの反応をどのように受け止めているのだろうか。

那須野 巧――球界を震撼させた裏金問題の犠牲者

なすの・たくみ――横浜（現DeNA）→ロッテ。日本大の左腕エースで東都大学リーグ全勝優勝に貢献。2004年（平成16年）のドラフト自由獲得枠で横浜に入団。即戦力ルーキーと期待されるも振るわず、07年に入団時の裏金問題が発覚して世間を騒がせたことで思い出された。

プロ野球界にとって2004年（平成16年）は大転換の年となった。オリックスによる近鉄の吸収合併に端を発して、水面下ではチーム数を減少して1リーグ制に移行する動きがあったのだ。これに反対した選手会が史上初のストライキを決行。最終的には楽天が新規参入することで、そのまま現行の2リーグ制が維持された。さらには翌シーズンから交流戦を開始するという副産物が生まれ、結果としてストライキはいい方向に向かうための引き金になったと理解された。

また、その年の球界にはもうひとつ、大きな問題が発生していた。それが明治大のエース一場《いちば》靖弘に巨人や阪神が栄養費の名目で金銭を与えていた、いわゆる裏金問題が発覚したのだった。さらに、このことで球団経営がいかに丼勘定で行われているか、などのニュースも世間で取り沙汰された。

その年のドラフト会議の目玉は、大学生では一場ともうひとり、東都リーグを制した日本大の那須野巧だった。那須野は春のリーグで5勝0敗、防御率0・39の快投を見せ、6季ぶりの優勝に大きく貢献した。最高殊勲選手、最優秀投手、ベストナインにも選ばれた。全日本大学野球選手権大会でも準優勝して〝大学ナンバーワン左腕〟と呼ばれ、リーグ通算22勝10敗、防御率1・97、219奪三振と輝かしい記録を残していた。

当時のドラフト会議には大学生と社会人は希望球団を指名できる「自由獲得枠」の制度があった。いわゆる「逆指名ドラフト」なのだが、各球団とも有望選手に逆指名してもらうために、あれやこれやと画策した。そのために引き起こされたのが裏金問題だったのだ。その逆指名で一場は裏金問題とかかわりのない新規参入の楽天に入団したが、同じ年のドラフト会議で那須野は横浜を逆指名して入団した。

当然のことながら即戦力投手として期待された。192センチの長身から投げ下ろす球威抜群のストレートと、角度のあるカーブやスライダーなどの変化球を投げ分ける大型投手である。横浜ファンにとってはまだまだ記憶に新しい98年の歓喜の優勝の再現を那須野に託していた。横浜の新たな顔になることを予感させるに十分な逸材だった。

那須野のプロデビューは05年5月15日で、この年から始まったセ・パ交流戦の西武戦での初先発となった。5回4失点ながら味方の援護もあってなんとか切り抜け、見事にプロ初勝利を挙げ、あといくつ勝てるのかと期待が高まっていった。ところが結果的にはルーキーイヤーの勝ち星はこの1勝のみだった。登板はわずか8試合で、当初の期待を裏切ったが、那須野はファームに落とされてもハングリー感がなく、大きな体が小さく見えるくらいだった。

なかなか大きく羽ばたかなかった1年目だったが、翌06年には16試合に登板して3勝8敗。鳴り物入りの大物ルーキーとしての入団だったが、2年間で通算4勝という数字は寂しい。

那須野のここ一番での勝負弱さも指摘されてきていた。中盤まで相手打線を抑えていながら、終盤で突如コントロールを乱して四球を連発、その後に打たれるというケースが目立ち、牛島和彦監督ら首脳陣からの信頼は揺らいでいった。

ファンの期待外れ感は否めなかった。チーム関係者などからの視線が冷たくなりつつあった矢先、那須野をさらに追いつめる出来事が起きた。3年目のシーズンが始まって早々の07年4月11日に発表された裏金問題だ。3年前のドラフトで横浜に入団する際、契約金の最高標準額である「1億円プラス出来高払い5000万円」を大幅に上回る5億3000万円が支払われていたという事実が表に出た。また1年目の年俸も、マスコミに発表した申し合わせの数字となっている1500万円の倍の3000万円が支払われていたことも明らかになった。

これよりひと月ほど前に「栄養費」などの裏金問題が再燃してきていたのだ。すでにこの段階で裏金をもらっていたことが発覚し、大スキャンダルとなっていた。その流れを受けたなかでの横浜の発表だったのである。プロ入り後の実績が伸び悩んでいた那須野にとっては、まさに針のむしろであった。グラウンドのプレーで返したいところだろうが、もうひとつピリッとしていないというのが現実だ。それでも現実問題としては、球団との契約は契約である。実際、どんな内容であろうと、球団としては入団当初に約束した、表には見えない契約金を払い続けなくてはならない。那須野はもらい続ける権利があるのだ。

07年の時点で史上最高額の裏金問題の当事者となってしまっていた那須野には、「どうして、いまごろになって……」という思いがあったであろうが、ダーティーなイメージで完全に悪党役《ヒール》になってしまった。同年はリリーフに転向して63試合に登板した。12ホールドとまずまずの内容を残すものの、シーズンオフに左肩甲骨下角滑《ひだりけんこうこつかかくかつ》液包炎《えきほうえん》の治療のために手術を行った。

やがて09年シーズンの終了後に清水直行との1対2の交換トレードでロッテに移籍した。新天地では一軍昇格も登板もなく、11年を最後に戦力外通告を受けた。

とはいえ、普通の人の一生分のお金を、プロの世界でまだ何もしないうちにもらってしまったのだ。しかも、それを毎年分割で入金してもらえる約束になっていたとは……。「無理しないで、そこそこやっておこう」と考えるのが普通ではないだろうか。

どこの世界に、何もしていない新入社員に退職金をごっそり支払ってくれる会社があるというのか。選手の素質をそのまま選手の価値として、それを球団が買ったのだという考え方はあるかもしれない。けれども実際にはプロで活躍した報酬として普通の人の何倍、何十倍もの年俸をもらっていくのがプロ野球というものだ。だからこそファンは納得しているのである。毎年ドラフトで多くの逸材が入団してくるが、契約金ではなく、あくまで活躍した報酬によって高所得者になってほしいと願っている。

東尾　修――数々の乱闘を巻き起こした強気の内角攻め

ひがしお・おさむ――西鉄・太平洋クラブ・クラウンライター・西武。箕島時代はエースとして甲子園に導きベスト4に進出。1968年（昭和43年）にドラフト1位で西鉄（現西武）に入団。低迷するチームが身売りしていくなかでエースであり続け、やがて西武の黄金時代を支える。内角攻めの投球がしばしば乱闘を招いた。

法政大に田淵幸一と山本浩司（現浩二）、明治大に星野仙一、近畿大に有藤通世《みちよ》らがいて大豊作といわれた1968年（昭和43年）のドラフト会議。当時はくじによる指名順ドラフトだったが、12番目のくじを引いた西鉄は箕島の東尾修を指名した。もともとプロ志望だった東尾はすんなりプロ入りしたが、チームは低迷期だった。

もっとも、そのことで高校からプロ入りした東尾にもすぐに出番が回ってきた。プロ野球では、とくに若手投手の場合は投げて経験を積んでいきながら成長していくというケースがよくある。東尾の場合は、とにかく弱体投手陣ということもあって、本人の実力はともかく、登板機会は回ってきた。高校を卒業してすぐの新人投手にしてみれば、かつての尾崎行雄（東映＝現日本ハム）のような豪腕投手ならまだしも、どちらかというとコントロールと投球術で抑えていくタイプの場合は、やはり経験を積んでいくことが大事だった。

そういう意味では、東尾の場合は幸か不幸か登板機会はあったのだ。1年目の東尾は4試合に先発し、結局勝ちには恵まれず2敗。しかし、2年目には早くもエース的な登板を重ねていた。40試合に投げて31試合で先発。結果は11勝18敗と負け越したものの、ローテーションは外れなかった。チームそのものが勝っていないのだからしかたがなかった。3年目は8勝16敗、4年目も18勝25敗と負け越しが続いた。

入団5年目の73年にチーム名が太平洋クラブライオンズとなったが、やっとひとつ勝ち越して15勝14敗。しかし、翌年はまた負け越している。チームは6位から4位あたりをうろちょろしているといった状態で下位に低迷する。わずかに75年に3位になって、東尾自身は23勝15敗と初めてエースらしい数字を残せている。とはいうものの、ほぼ万年Bクラスという状態のなかで40~50試合に登板していた。

さらに77年からはチーム名がクラウンライターライオンズになった。同じチームにいながらすでに3球団目となってしまっていた。それほどチーム自体の母体が不安定だったのだ。そして79年からは4つ目の球団名となって、西武ライオンズの東尾となった。これでようやくチームの経営母体が落ち着いてきた。東尾は投手として円熟期を迎える29歳になっていた。

勝てないライオンズで、それでもエースの看板を背負っている東尾は、地元の福岡では人気があった。そんなこともあって、いつしか福岡では「夜遊びの帝王」といわれるくらいになっていた。ところが、西武になってチームが所沢に移転すると、そんな状況が変わってきた。かつては「野武士軍団」といわれ、豪快さと自由奔放さが売りの西鉄時代の名残が徐々に失《う》せてきていた。しかも82年に広岡達朗が監督に就任すると、食事を含めた徹底した管理野球となり、そこからはみ出ることが多かった東尾は、エースにもかかわらず広岡監督の苦いコメントのターゲットにされてしまうようになった。こうして多くのファンに東尾の存在は悪党《ヒール》として刷り込まれていくようになっていった。

それでも広岡西武となってチームは大きく浮上し、82、83年と連続優勝で日本シリーズを制した。東尾は入団当初の福岡時代には思いもおよばなかった日本シリーズの舞台で投げるようになっていたのだ。82年には日本シリーズのＭＶＰに輝いている。なんだかんだといわれつつも、広岡監督は上手に東尾という投手を使っていたのである。また、東尾も不満はあっても、プロとして与えられたポジションでの仕事はきちっとこなしていたということであろう。

東尾の投球術はベテランの域に達してきて、持ち前の制球力に磨きがかかってきていた。ことに打者の内側に計ったように投げ込んでくるので打者にとってはやっかいだった。踏み込んでいこうとすると死球になるケースが多かった。東尾の投球を称して「えげつない内角攻め」と評価する評論家もいた。

そのえげつなさが乱闘を引き起こしたことがあった。86年6月13日の近鉄戦であるとなって、ファウルの次の5球目だった。東尾が投じた「えげつない内角のシュート」が意識としては向かっていたリチャード・デービスの右肘に当たった。

（第二章扉写真参照）。西武が5対3でリードの場面、カウント1ボール2ストライク
東尾にしてみれば「よけ切れなかったのか」くらいに思っていたのかもしれなかったが、デービスは激怒してマウンドに走ってきた。そして目を合わせる間もなく、そのまま東尾を殴打。デービスは10日間の出場停止処分となったが、驚くべきことに殴られた東尾はそのまま続投して完投で勝利投手となっている。

暴力を振るった側に対する処分は、それはそれで納得のいくものだっただろうが、他球団の選手のなかには内心、「デービス、よくやってくれた」と思っている者が多

かったという。というのも、それくらいに東尾の内角攻めには手を焼いていたのだ。プロ野球の真剣勝負であり、厳しいコースを攻めていけば死球は免れないということもあるだろう。しかし、東尾はぶつけた際にも「よけられないの？」といった表情をすることがしばしばあった。キョトンとした表情がそう見えただけなのかもしれないが……。

いずれにしても、「死球王東尾」というイメージができてしまい、「夜の帝王」と並んで二つ目の悪党《ヒール》の勲章となった。東尾の死球に関しては、当時のパ・リーグの監督たちの間でも「なんとかしてくれ」と苦情が出ていたようだ。それだけに、デービスが怒り狂ったことで東尾の意図的な内角攻めが故意の死球かどうかという問題にまで膨れ上がってしまったのである。「あんなコントロールのいい投手が、どうしてオレにあんな危険な球を投げるんだ！」というデービスの発言も一理あるかと思わせた。

お騒がせの東尾は、翌年オフに暴力団がらみの麻雀《マージャン》賭博の容疑で書類送検されている。いまでは、なんと自身に負けず劣らずのプレーボーイとして知られる俳優・石田純一の義父という立場になり、いいおじいちゃんぶりをテレビで見せているが、現役時代はどうして猛者《もさ》だったのだ。

中村紀洋——「お山の大将」体質が招いた波乱の人生

なかむら・のりひろ——近鉄→MLB→オリックス→中日→楽天→横浜・DeNA。大阪の渋谷《しぶたに》では2年のときに四番・三塁で甲子園に出場し、翌年に近鉄に入団。1995年（平成7年）から10年連続で2桁本塁打をマークするなどスラッガーとして活躍ののち、複数の球団を渡り歩き、主砲としてチームの勝利に貢献し続けた。

子どものころから野球の才能を（自他ともに）認められた者の多くは、高校への進路選択時には甲子園の常連校のような名門校を選ぶケースが大半だ。もちろん野球少年なら誰もが憧れる「甲子園」への近道であることがその最大の理由である。

プロを最終目標にする場合、何よりスカウトの注目を集めやすいため、レギュラーとして活躍すればプロへの道が大きく開ける。プロ入りはかなわずとも有名大学への進学、有名企業への就職、教員の道を探ることも可能となり、さまざまなキャリアプランが開拓できるため、可能性を広げるためにも、まずは有名校への進学が第一条件となる。

だが、稀《まれ》にではあるが、中学時代に実績があっても、あえて無名校を選択する者もいる。実力が足りずに強豪校に進めなかった者、学問で有名大学への進学を目指すべく進学校に進路を向ける者など、その理由はさまざまだ。

その多くはプロに進むことは少ない。それでも「1年生から試合に出られる」ということを理由に全国的には無名の学校に進みながら、プロでも球界を代表するスタープレーヤーにのぼりつめた変わり種がいる。中村紀洋がそうである。

PL学園、近大付、上宮、北陽（現関大北陽）……著名な私学の強豪がひしめく大阪において、1989年（平成元年）春、あえて府立校である渋谷に進学。むろん甲子園に出場した実績はない学校だ。ところが2年生ながら四番打者の中村を柱に据えたチームは翌90年夏に快進撃を見せる。

数ある強豪を次々と撃破したチームは決勝で前年のセンバツ準優勝校である上宮と激突。甲子園でも好投を見せたエース宮田正直（ダイエー）を相手に、中村は3回にバックスクリーンに飛び込む超特大の本塁打を放った。

このときの上宮は、宮田をはじめ、中村豊、西浦克拓《かつひろ》（ともに日本ハム）、市原圭、久保孝之（ともにダイエー）、筒井壮《そう》（中日）ら、のちにプロに進む選手が顔を並べる〝黄金軍団〟。薮田安彦（ロッテ、現薮田）、黒田博樹（広島）らも控えており、レベルの差は明らかだったが、試合は6対4で渋谷が制し、初の甲子園へとコマを進めた。

府立校として8年ぶりの甲子園出場。中村は大阪大会で4本塁打を放つなどスラッガーとしての片鱗《へんりん》をこの当時から見せていた。

甲子園では初戦で延長戦の末に宇部商に敗れたものの、中村の名前は一躍スカウトの注目を集めるようになる。最後の夏は甲子園優勝チームとなった大阪桐蔭に準決勝で敗れたが、その年オフのドラフト会議で近鉄に4位で指名される。このとき、同じく4位でオリックスに指名されたのがイチローである。

3年目の94年に一軍に定着。98年に32本塁打を記録すると、00年から3年連続で30本塁打、100打点をマークしており、00年には39本塁打、110打点で二冠王を獲得する活躍を見せた。翌01年にはチームのリーグ優勝に大いに貢献。年俸も5億円に達するなど押しも押されもせぬスーパースターとして君臨する。

チームの顔としてだけでなく、球界の顔としての自覚からか、02年オフには「中村紀洋というブランドをまず考えて、近鉄で終わっていいのか」と発言し、思案の末にFA宣言。国内の球団からの猛烈なアプローチを尻目にメジャー行きを目指したが、発表前に「合意に達した」とメッツが先走って報じたとして契約を白紙に戻し、破格の契約で近鉄に残留。このころから〝問題児〟のレッテルを貼られるようになる。

近鉄球団が消滅した際には選手分配によりオリックスに振り分けられたが、ポスティングによってドジャースに入団。しかし、本塁打を1本も記録できなかった。06年にオリックスに復帰したが、故障の連続で満足な結果を残せず、交渉のかいなく契約更改で大幅ダウンを提示され、6度の交渉も決裂して自由契約となり〝浪人〟の身となってしまう。

FA宣言した02年をピークに成績は下降線を示すようになり、すでに30代半ばに差しかかって、プロ野球選手としてのキャリアも終わりかと思われたが、ここに救いの手が差し伸べられた。元近鉄監督の梨田昌孝（前楽天監督）の尽力により、中日の落合博満監督が春季キャンプに招聘《しょうへい》したのだ。

入団テストに合格すると、かつては球界最高年俸を記録した男が育成枠で復帰。すぐに支配下に登録されると、主にクリーンアップを任され、勝負強い打撃で中日の53年ぶりの日本一に貢献。翌年も24本塁打をマークした。

この時点で35歳。中日に骨を埋《うず》めると思われたが、オフにFA宣言して楽天に移籍した。高校進学時のように、常勝チームより球団創設間もない弱小チームを引っ張る立場に立って活躍したいという、いい意味での「お山の大将」的な思いがあったのかもしれない。

だが、ピークは完全に過ぎており、1年目は一軍に定着できず。2年目こそ規定打席に到達したものの、故障などもあってオフに自由契約となった。チーム内では奔放な言動が見られたという。

11年には、これまた弱小チームの横浜に移籍。2年目には規定打席に到達し、13年には2000安打を達成。しかし、首脳陣への采配批判と捉えられかねない言動でたびたび二軍への降格を余儀なくされた。

楽天やDeNAへの移籍を見ると、若手主体のチームをみずからの力で引っ張り、上に押し上げようという思いがあるのは間違いない。それでも、たびたびマスメディアを騒がせてしまうのは本人の個性の強さゆえか。

強烈な個性を持ち、選手としての実力はもちろん、ファンの人気は根強いものがある。心機一転、指導者として後進を育てるなど、新たな野球人生にもうひと花咲かせる姿をファンは待っている。

伊良部秀輝——「力勝負」にこだわった男の寂しすぎる最期

いらぶ・ひでき——ロッテ→ＭＬＢ→阪神→米独立リーグ→独立リーグ高知。尽誠学園では2年と3年の夏に甲子園出場を果たし、１９８７年（昭和62年）のドラフト1位でロッテに入団。剛球派のエースとして活躍し、96年オフにメジャー宣言。03年に帰国して阪神に入団したが、2年で退団。引退後はアメリカに住んでいた。

それは寂しい孤独な自殺のニュースだった。

２０１１年（平成23年）7月27日、ロサンゼルス近郊の自宅で伊良部秀輝が首を吊《つ》った状態で死亡していたのが発見された。42歳だった。

良くも悪くも、伊良部は多くのファンの脳裏に強烈に残った存在だった。尽誠学園時代には高校生ナンバーワン投手という評価で、86年と87年の夏には甲子園にも出場し、同世代で打の怪物といわれた浦和学院の鈴木健（西武）と対決して、ストレートばかりで3打席を抑え込んでいる。4打席目こそ中前打されたものの、力勝負を挑んだ伊良部の評価は上がった。

その年のドラフト1位指名でロッテ入りした伊良部は、当時投手陣が弱体だったというチーム事情もあったが、1年目から一軍マウンドに上がっていた。そして2年目には最速156キロをマークするなど、そのストレートからスピード王といわれた。しかし、チームが低迷していたということもあってか、伊良部自身の数字はさほど上がらなかった。

もっとも伊良部は一人ひとりの打者を投手として抑えるという一対一の勝負に懸けていたところがあったようだ。西武の清原和博との対決は当時のパ・リーグを代表する名勝負といわれた。その対決に気持ちを込めた伊良部は、スピードこそ自分の生命線といわんばかりの力投で、清原に対して当時の最速スピード記録といわれた158キロを記録して驚かせた。

94年には15勝10敗で最多勝を獲得するとともに、239奪三振で奪三振王に輝いている。伊良部にとっては、この奪三振王のタイトルこそ、その真骨頂だった。投手として、つねに打者との勝負で、駆け引きとか打たせていくというものではなく、力ずくでどう抑えられるかという考え方である。翌95年にも同じ239奪三振で奪三振王を獲得している。また、95年には防御率2・53、96年には2・40で1位となり、2年連続で最優秀防御率投手となった。

しかし、チームはボビー・バレンタイン監督が就任した95年に2位になったものの、ほとんどは下位に低迷。それに、その年からロッテにはＧＭとして広岡達朗が就任していた。西武監督時代には徹底した管理野球で、ある意味で選手を縛りつけてきた人である。管理こそが組織の維持には大事なことであり、それがチーム力のアップにもつながるという考え方が根っこにある。端《はな》から伊良部のようなタイプは受け入れられにくいことはわかっていた。

タイトルを獲得しても、それほど評価が上がるというものではなかった。当然、衝突することが多くなった。日本球団での居心地の悪さを感じていたところに、折しも日本人選手のメジャー進出ブームが重なった。伊良部としては、むしろ時代の流れが自分に味方してくれたのではないかという気になったのではないか。伊良部はメジャーリーグへの移籍希望を表明した。本心としてはメジャーの老舗であるヤンキース入りを目論《もくろ》んでいた。

しかし、球団はメジャーの独占交渉権をパドレスに譲渡したとして、ここでもトラブルが起こった。伊良部は交渉代理人に団野村を雇い、ヤンキース入りを目指して画策した。ひとつ歯車が狂うとスムーズにいくかと思ったこともなかなかうまくいかないのが世のつねである。こうした動きも含めて日本でのメディアの扱いはますます悪党《ヒール》的になっていった。そもそも代理人に対する評判が日本では決してよくなかったということもあった。

伊良部自身の取材陣とのトラブルもあった。伊良部はそんな不満もあって、ますますメディアに対して頑《かたく》なな態度を取るようになっていった。結局、なかなかヤンキース入りが果たせないまま、97年3月、伊良部はいったん帰国することになった。

そしてプロ野球が開幕して佳境に入ろうかという5月末、大騒動の末に伊良部のヤンキース入りが決まった。その間、あまり調整ができていなかったということもあって、初登板は7月まで待つことになった。

その初登板では7回途中まで投げて2失点。まずまずの内容で初勝利を記録し、順調なメジャースタートを切ったかに思えた。しかし、メジャーの観客は日本のファンのヤジ以上に態度があからさまだ。ちょっと内容がよくないとすぐにブーイングの嵐となる。言葉のわからないいらだちもあってツバを吐いたら、それもトラブルとなった。もっとも伊良部のツバ吐きは高校時代からのもので、甲子園でもマウンド上でツバを吐いて審判から注意されたことがある。その時代から悪党《ヒール》的だったのである。

ヤンキース2年目の伊良部は、5月には月間MVPを獲得するくらいの活躍を示すものの、後半は調子が上がらず、チームはワールドシリーズを制しながら、シリーズでの登板機会は訪れなかった。

　それでも翌年も7月には月間MVPを取るなど、調子の波はあっても戦力となっていることは示していた。ポストシーズンでの登板機会にも恵まれたが、結果が出ないとあっさり外された。そのあげくに、オフにはエクスポズに移籍となった。エクスポズでは故障もあって、もうひとつ結果が出てこなかった。膝の故障は太りすぎが原因ではないかとも指摘された。そのことからくるストレスが飲酒につながり、体調を崩した。結局2年でレンジャーズに移籍し、02年に帰国して阪神と契約した。

　阪神1年目は13勝を挙げたものの、翌年はわずか3試合の登板で、そのまま戦力外となった。気がついたらいつの間にか引退していたという印象の伊良部だったが、その後は海外で生計を立てたり、帰国して独立リーグに参加したりということもあったが、やがてメディアでもその名を聞かれなくなったかなと思っていたところでの自殺の報だった。悪党《ヒール》人生の結末としては寂しすぎる最期だった。

　あるいは、自己破滅型の人生を送ることで、みずからに決着をつけたのかもしれない。ヒールというよりもダーティーヒーローだった。

堀内恒夫——選手でも監督でも憎まれ役だった「悪太郎」

ほりうち・つねお——巨人。甲府商から第1回ドラフト会議があった1965年（昭和40年）に巨人から1次選択で1番目の入団となった。18年間巨人に在籍して、V9時代（65～73年）に最も多く勝ち星を挙げた投手である。04年から2年間監督を務めたが、優勝はない。13年からは参議院議員も務めた。

その名も〝悪太郎《あくたろう》〟——まさに悪党《ヒール》として語るために命名されたかのようであるが、現役時代には投げるたびに帽子が横向きになり、それをふてぶてしく元に戻していた。そんな態度も含めて、いつしかそう呼ばれることになったのだ。

強い巨人の象徴でもあった王貞治と長嶋茂雄という打の看板であるスーパースターの二人は少年たちの憧れでもあり、不可侵な存在であったが、それに対して投の看板となっていた堀内恒夫は、捕手からボールを受け取るときの態度といい、帽子をひん曲げる投球フォームといい、どこかに乱暴なやんちゃ坊主の匂いがしていた。だからアンチ巨人にとっては格好のターゲットとなっていた。

ビールを飲んだあと、その紙コップの底をくり抜いてメガホンにして選手をヤジるおっさんが多くスタンドにつめかけていた時代でもある。堀内をヤジりたくて巨人戦に足を運ぶという中日ファンや阪神ファンもたくさんいた。だから中日球場（現ナゴヤ球場）や甲子園球場はそんなヤジりたがりで賑わっていた。

「いちいち帽子を曲げるな、鬱陶しいから、お前だけ被らんとやれ」

「幼稚園のゴムひものついた帽子貸したろか」

「偉そうにしとんな。こっちはアウトになっとんや」

もっとも偉そうにしているのではなくて、アウトが取れたので頷《うなず》いただけなのだが、ことほど左様に、こんなふうにヤジられ続けていたのだ。それだけヤジりやすい選手だったのかもしれない。

しかし、その実績は素晴らしい。高校からの新人投手として1年目に16勝2敗。防御率1・39と並みいるベテラン陣を抑えて堂々の1位である。川上哲治《てつはる》監督が丁寧に起用していたこともあったかもしれないが、負けない投球は素晴らしい。翌年も12勝、3年目には17勝、5年目の1970年（昭和45年）には18勝を挙げるものの、なかなか20勝には届かなかったが、72年には26勝で最多勝を獲得した。この年が巨人の8連覇目で、入団以来、堀内はシーズンを終えてみたら優勝しか経験していないという状態だった。それだけ巨人が強い時代でもあったのだが、そのエースである。マウンドに立っているだけでもふてぶてしいといわれかねないくらいだったであろう。

こうして〝悪太郎〟のイメージは、結果を出していきながらつくりあげられていった。またメディアも王、長嶋の紳士ぶりを報じる一方で、堀内の〝悪太郎〟ぶりを報じることでバランスを取っていたようだ。ONがあまりにもクリーンであり続けなくてはならないので、エースくらいはちょっとやんちゃでもいいだろう……案外、そんなところでバランスが取れていたのかもしれない。ましてや堀内の先輩エースだった藤田元司は球界の紳士として定評があった。そのコントラストとしても、〝悪太郎〟としての堀内が輝いていた。

しかも悪党《ヒール》ぶりを発揮していながら勝ってしまう。だからアンチ巨人にとってはますます憎らしい存在になっていくのだ。逆に巨人ファンとしては、ちょっと行儀が悪くても、いざというときにはひと仕事してくれるいいアンちゃんみたいな感じで、やんちゃぶりからさらに人気を得ていった部分もあったのだ。

そんな堀内は強い巨人にいたということもあって数字的には安定していた。入団以来13年連続の2桁勝利は、なんだかんだといいつつも、やはり立派な記録だ。その間に75年だけは10勝18敗と大きく負け越しているが、この年こそ巨人が唯一の最下位となった年で、長嶋監督1年目でもあった。堀内が勝てなかったことでチームが低迷したという意味からすれば、エースとしての面目躍如というか、その存在の大きさを示したともいえようか。

しかし、〝悪太郎〟堀内にもやがて衰えが訪れたのはやむなきことであろう。79年から引退する83年までの5年間でわずかに9勝しか挙げられなかった。巨人は江川卓と西本聖が二本柱となり、定岡正二やベテランの加藤初《はじめ》に新浦壽夫《にうらひさお》、さらには若手で槙原寛己が台頭してくるなど世代交代が進んでいた。

それでもV9を支えたエースということで一軍ベンチには入り続けていた。敗戦処理的な登板もあったが、腐ることなくマウンドに上がっていた。〝悪太郎〟と呼ばれたふてぶてしさは影をひそめて、自分に与えられた役割をきっちり果たしていくベテラン職人のような雰囲気さえ漂わせていった。いつしか人間としても円熟していたのだった。

通算２０２勝を挙げていた堀内だったが、ついに82年シーズンは勝ち星0、それでも翌年も現役にこだわった。そして83年5月29日の阪神戦に先発している。先発予定だった槙原が肘の故障を訴えて登板回避となったという事情もあったのだが、立ち上がりこそ不安感を示したものの、その試合で堀内は現役最後となる203個目の勝利を記録した。2年ぶりの勝利となったが、それで満足したのと、やはり限界を感じたのであろう。その年に現役引退を宣言している。そして10月22日の大洋戦で引退試合を迎えるのだが、その試合で本塁打を放っている。投手ながらプロ最後の打席で本塁打を放って終わるあたりは堀内の面目躍如といったところだろうか。

もともと堀内の打撃には定評があって、入団以来9年連続で本塁打を記録しており、自分がノーヒットノーランを達成した試合で3打席連続本塁打という離れ業も記録している。日本シリーズでも2打席連続本塁打という記録を残しているくらいだ。

引退後は読売球団付の解説者という立場だった。04年から2年間、原辰徳1次政権のあとを受けて2年間監督を務めたが、3位、5位に終わり、再び原監督につないでいる。現役時代の印象のわりには監督としてのインパクトは弱かった。

とはいえ、周囲の批判に耳を貸さず、首脳陣を批判した清原和博を七番に降格したり、のちのエース内海哲也を打たれても打たれても先発させたりするなど、監督としても〝悪太郎〟ぶりは健在だった。

張本　勲——巨人移籍で反感を買った安打王

はりもと・いさお——東映・日拓・日本ハム→巨人→ロッテ。1959年（昭和34年）に東映に入団し、チーム名が変わるなかで17年間活躍したあとに、長嶋茂雄監督の巨人に移籍して4年間在籍。その後、ロッテを経て引退。オールスター出場18回、ベストナイン16回、首位打者7回の記録がある。

いまや毎週日曜朝のTBS系列「サンデーモーニング」のスポーツコーナーでスポーツニュースの映像を見ながら、ちょっとまずいプレーには「喝」を入れ、好プレーに対しては「あっぱれ」を与えることで知られる、いいおじいちゃんだ。しかし、現役時代の張本勲はいくらか強面で、その時代のゴツい野球選手の典型みたいな雰囲気だった。そんな雰囲気だから、体型からしてもホームランバッターかと思いきやそうではなく、むしろ巧みなバットコントロールで安打を量産していたのだ。いうなればイチロータイプともいえるのだが、その安打量産のテクニックは広角打法といわれていた。

実績は素晴らしい。広島県の松本商（現瀬戸内）から大阪の浪商《なみしょう》（現大体大浪商）に編入したが、1958年（昭和33年）11月に東映と契約。ルーキーイヤーとなった59年は開幕戦から六番左翼手で出場。翌日の第1打席で二塁打を放つと、次の打席では本塁打を放って、その後の中長距離打者としての片鱗を示した。結局、この年は125試合に出場して13本塁打。打率2割7分5厘で新人王を獲得している。

3年目のシーズンとなった61年には3割3分6厘で首位打者に輝き、翌年も3割3分3厘の打率で31本塁打を放ってMVPを獲得している。チームは創設以来初の優勝を果たし、日本シリーズを制して日本一となっている。こうして張本は東映の看板選手となっただけではなく、パ・リーグを代表する打者として成長していった。

67年からは4年連続の首位打者となり、通算7回の首位打者に輝いている。前人未到といわれた3000安打を記録し、まさにバット職人として申し分ない存在だった。とくに玄人受けするプレーは目の肥えたファン層を抱えるパ・リーグにとっては欠かせない存在だった。

そして誰もがバット職人はそのまま日本ハムのユニフォームをまっとうしていくものだろうと思っていた。当時はまだ「人気のセ・リーグ」に比べてスポットを浴びることが少ない「実力のパ・リーグ」だった。パ・リーグ関係者やファンとしては張本のバットが目立つことを期待していた。

ところが、その張本が75年シーズンの終了後、突然巨人に移籍した。

「えっ！　なんで張本が巨人に？」

トレードのニュースに耳を疑った人もいたくらいである。

74年シーズン、巨人は10連覇を逃した。その年を最後にスーパースターの長嶋茂雄が引退したのだが、9連覇を率いた川上哲治監督も身を引き、引退した長嶋は即監督となった。そこまでは巨人としてもある程度イメージで描いていたとおりの筋書きだったかもしれない。ところが選手兼任コーチの経験のみで、いきなり監督就任となった長嶋にとって、主力が高齢化してきていた長嶋自身が不在の巨人を率いていくには厳しすぎた。世界の主砲・王貞治との勝負を避ければ、相手チームとしても失点を減らしやすくなった。

こうして戦った結果、長嶋巨人はチーム史上初の最下位という結果になった。さすがに慌てたのが巨人のフロントである。しかもスーパースターの監督就任がチーム初の非常事態を招いてしまったのである。

とにかくなんとか手を打たなくてはいけない。そう考えた巨人は、まずは打線の強化、さしずめ長嶋に代わる主砲の獲得を画策した。そうして白羽の矢が立ったのがパ・リーグの顔ともいえる存在になっていた日本ハム・張本の獲得だったのだ。張本にも異存はなく、というより、やはり同じプレーをするなら日の当たる場所で、ということを希望するのは当然であろう。晴れて巨人入りとなった。

思えば、これがそのあとに幾度となく続くことになる、巨人の主力獲得攻勢の始まりだったのだ。張本に対する悪党感《ヒール》も、じつはそのへんに起因しているのではないか。穿《うが》った見方をすれば、「なんだ、打撃職人といっても、やっぱり巨人でやりたかったんじゃないか」と、そんなことを露骨にいう人も少なくなかった。しかも張本は新天地の巨人で十分に活躍した。そして、何より張本の存在によって王が活性化された。長嶋なき打線のなかでは王との勝負を避ければそれでよかったのだが、長嶋よりさらにシュアな張本がいるとなると、王と勝負せざるをえなくなっていった。そして王も打撃機会が増えて本塁打を量産できるようになった。

メディアも「ON砲」に代わって「OH砲」と持ち上げた。一部のメディアが持ち上げれば持ち上げるほど反発するメディアやアンチファンにとっては、その存在が悪党《ヒール》となっていったのだ。考えてみれば、与えられた仕事場で自分の精いっぱいの力を出してプレーしていた張本である。決して悪党《ヒール》ではないはずだ。けれども、権力志向があって、結局は巨人に寄り添った……と思い込まれてしまったところに張本の不幸がある。

そんな張本も巨人では4年間のみで、80年から2年間ロッテでプレーして引退している。まさに巨人は4年間とおりすぎただけのことだったのだ。実働23年で2752試合に出場して3085安打を放っている。まさに安打製造機だった。90年には野球殿堂入りを果たしている。

日曜日の朝に「喝」を入れている張本を見て、その現役時代を知らない人も多いだろう。「巨人出身」ということでいえばそうなのかもしれないが、プロ野球生活のなかではその6分の1程度しか在籍していなかったのである。ただ、そのわずかな在籍期間で悪党《ヒール》の印象を持たれてしまったということは、やはりそれだけ巨人に移籍した大物としての功罪が大きかったといえよう。

もっとも、いまは球界のご意見番であり、当時、イチローに憧れて海を渡ったムネリンこと川﨑宗則（ソフトバンクなど）には「はしゃぎすぎ」と厳しかったものの、それ以外の頑張る選手に優しい、いいおじいちゃんである。

小川健太郎——王対策の「背面投げ」に非難が殺到

おがわ・けんたろう——東映→アマチュア→中日。いったんは1954年（昭和29年）に東映に入団したが、2年で退団。その後、立正佼成会《りっしょうこうせいかい》などを経て64年に中日に入団してプロに復帰。67年には最多勝を記録して中日のエースとなっていたが、70年にオートレース八百長事件で永久追放となった。

まだプロ野球とアマチュア野球の境界線がそれほど明確ではなかった時代からプロ野球隆盛期まで活躍し、忽然《こつぜん》と球界から姿を消した男、それが小川健太郎だ。しかも、ただ活躍していたというだけではなく、背中をとおして投球する背面投げという超変則投球でスタンドを騒然とさせたり、シーズン29勝を挙げて最多勝を獲得したりするなど、記録にも記憶にも残る活躍をした投手だ。

サイドスローとアンダースローの中間くらいの投げ方で、まだ野球少年などがそんな小川の投げ方をまねして見せると、「まずはきちんと上から投げるようにしなさい」と指導者に注意されることが少なくなかった。それくらいに魅惑のミラクル投手だったのだ。

しかも、その経歴がユニークだ。福岡の明善を出た小川は、1954年（昭和29

年）に東急（現日本ハム）の入団テストを受けて合格。その翌年から東映となったチームに入団したものの登板機会はなく2年で退団。その後は照国海運やリッカー、電気化学工業、立正佼成会などの社会人野球を経て、64年に29歳で中日に再入団している。いったんプロから身を引いてから、なんと10年を経て復活という記録はほかにあるまい。

入団した段階からすでにベテランの風格さえあったくらいなのだが、2年目にはすっかり中日のエースとなり、17勝を挙げている。翌年も同じく17勝を挙げるが、巨人戦には相性がよくなかった。66年は巨人にわずか1勝。チームは2年連続で2位となっていたものの、巨人には6勝20敗という記録で、中日だけで巨人に14の貯金を与えてしまったことになる。「健太郎が巨人の優勝に貢献しとるでいかんわぁ」。口の悪い名古屋のファンはこういって小川を非難した。

やはり巨人を倒してこその中日なのである。

もちろん小川自身も巨人に勝てていないことは百も承知である。だからキャンプのときから打倒巨人を目標に掲げ、とくに大の苦手としていた巨人の主砲・王貞治をどう抑えるのかを最大のテーマとしていた。

67年シーズンはスタートから好調で、オールスター明けの阪神戦で早くも自己最多の18勝目をマーク。結局、この年も中日は2位で「万年2位チームのエース」と、世間ではありがたくない呼び方をされるようになった。それでも自身初の沢村賞と最多勝というタイトルの獲得は確実に自信になっていた。

しかし、王をどう抑えるのかという課題は克服できていなかった。さらに68年は4月下旬から9連勝するなどスタートダッシュこそよかったものの、チームも自分自身も失速していき、8連敗で一気に貯金を吐き出すとチームはさらに低迷。結局「万年2位」の座をキープするどころか、チームは最下位に沈んだ。

さすがに翌年は巻き返しを誓わなくてはならなかった。キャンプ時点から小川は王対策として変則的な目をくらませる投法を考えていた。捕手の木俣達彦とタイミングの取り方や間の置き方などあれやこれや試行錯誤を重ねていた。さらには調整で各地のキャンプに顔を出していた審判員にも股の下から投げる投法や背中から投げる投法など普通では考えられないような投球フォームを試して見せて、ルール違反になるかならないかを尋ねていた。最初は冗談かと思われたのだが、あまりに真剣な小川の様子に審判員も本気で対応して、プレートに軸足さえつけていれば背中から投げるのは違反投球にはならないという判断をもらった。小川と木俣は王対策の秘策中の秘策として、このシーズンのどこかで披露しようと思い描きながら、時には１日に２００球も背面投げの練習をしていた。

そのタイミングは6月15日の後楽園球場だった。3回、王に対して小川が2ストライクからの3球目を背中から投じた。これに対して怒り狂ったのが王の師匠でもある荒川博コーチだった。「お前！　ナメとるのか！」。血相を変えて走り寄ってきた。背面投げのサインを出した木俣は後日、「あれで、ああ、このボールはもう投げさせたらアカンなと思った」と振り返っていた。

しかし、小川としては苦手克服に対して真剣だったのだ。そして考えに考えたあげくにたどり着いた背面投げである。ただ、そんなマンガみたいに曲芸投法を、あろうことか天下のホームラン王に向けて投げたのである。正統派のファンから「ふざけている」と取られても否定できない。少なくとも間近で荒川コーチの突進を目の前にした木俣が「これはいかん」と思ったことはたしかであろう。

こうして世にもめずらしい背面投げは、その年かぎりのものになった。

しかし、小川本人もその翌年の6月、オートレースの八百長事件に関与したということで球界を永久追放されてしまっている。ことの真相はわからないけれども、小川本人が比較的すんなりその処分を受け入れてユニフォームを脱いだことを考えると、なんらかの形でからんでいたことはたしかなのだろう。

巨人が圧倒的な強さを示していた時代にあって、中日の投手陣のなかで一時代をつくりあげた背面投げの小川健太郎。その投球はいぶし銀のように光っていたものの、輝くスターとして輝き切れなかったのもまた現実だった。

小川が在籍していた時代、ついぞ中日は優勝することはできなかった。そして小川が忽然と球界から姿を消して4年後、中日は20年ぶりの優勝を果たす。その歓喜を小川はどこかで見つめていたであろうが、その際にもメディアにはコメントはいっさい掲載されていなかった。

かつて背面投げというセンセーショナルな投法を披露した投手である。その後は、名古屋市内でスナックなどを経営していたという情報が伝えられていたが、95年に61歳でこの世を去った。かつての最多勝の栄光より、球界を追放された悪党《ヒール》という印象のほうが強く残ってしまったのは残念でならない。

第二章
外国人選手編

W・デービス
R・デービス
ブライアント
ガルベス
ホーナー
ペピトーン
シピン
ライト
クロマティ
ビュフォード
ミッチェル
バッキー

西武・東尾修に殴りかかる近鉄・デービス（1986年6月13日）
写真提供:日刊スポーツ新聞社

W・デービス――打棒爆発も「上から目線」で大顰蹙《だいひんしゅく》

ウィリー・デービス――中日→クラウンライター。1960年（昭和35年）にドジャースでメジャーに昇格して活躍。その後、エキスポズ、レンジャーズ、パドレスなどを経て77年に中日に入団。チームになじみ切れず1年でクラウンライターに移籍し、その後、帰国してエンゼルスに入団している。

中日ドラゴンズは、その球団史のなかでサプライズを頻繁に起こしてきている。ことに選手獲得に関しては日本の球団として初めてメジャー経験者を入団させている。それが1962年（昭和37年）のラリー・ドビーとドン・ニューカムだった。ともに引退した直後ではあったが、当時は日米の力の差が歴然としていた時代でもある。「元メジャーリーガーを獲得」と当時の地元紙では大きく報じられた。

そしてシーズン途中からの入団にもかかわらず、二人は桁違いのパワーを見せつけ、その後の外国人助っ人ブームの先駆けとなった。翌年は現役メジャーリーガーのジム・マーシャルとロバート・ニューマンをシーズン当初から迎え入れている。

こうして中日は外国人獲得でも歴史と実績をつくってきた。だから中日が獲得する外国人は注目度が高いし、信頼性が高いと判断されていた。

74年に与那嶺要《よなみねかなめ》監督率いる中日はジーン・マーチン、ジミー・ウィリアムらの活躍もあって20年ぶりの優勝を果たしている。その翌年は広島に覇権を譲ったものの2位。しかし、76年シーズンは谷沢健一が首位打者に輝き、田尾安志が新人王を獲得しながらチームは4位という結果になってしまった。そこで中日は打線強化に動き出した。大物メジャーリーガー獲得が至上命令となっていたが、いささかぬるま湯体質になっていた中日打線に強烈な刺激を与えて体質改善を進めていくという狙いがあった。

そうしてたどり着いたのがドジャースの三番打者として活躍し、その後もエキスポズ、レンジャーズ、マリナーズ、パドレスと移りながらメジャーで通算2561試合に出場と、その実績は申し分ないウィリー・デービスの獲得だった。

ただし、「怪人」の異名を取っている存在である。その取り扱いにはいくらか注意を要するという情報が入っていた。しかし、チームに刺激を、という面からすれば多少は荒くれ気味のほうがいいのかもしれないという思いもあった。それに与那嶺監督はハワイ育ちの日系人で、外国人の扱いには慣れている指揮官である。

そんな判断で獲得したデービスだったが、パワーに加えてその快足も魅力で、5月14日のナゴヤ球場での巨人戦ではランニング満塁本塁打を記録して度肝を抜いた。前年から巨人の本拠地の後楽園球場が人工芝になって、その人工芝では中日は勝てないということが続いていたのだが、そんな中日ファンの溜飲《りゅういん》を下げた快打、快走であった。

しかし、デービスはムラっ気があって、ここ一番という場面では勝負弱いこともしばしばだった。それに打てない責任をほかに転嫁することが多かった。チームはもうひとつ浮上し切れないでいた。

それにデービスの態度のそのものも、とても日本の野球になじもうというものではなかった。およそチームワークや日本人選手たちが高校野球や学生野球の場を経て学んできたようなチーム一丸となってチームのために戦うという姿勢はみじんも見られなかった。ベンチでは勝手気ままに振る舞い、首脳陣の手を焼かせた。

与那嶺監督に対しては、従うというより、「オレのほうが偉いんだ。オレのメジャーでの実績はマイナー育ちのお前とは違う」というような態度をあからさまに見せることがあった。この取り扱い注意品は、本当に、とても取り扱い切れないものだったのだ。それでも7月8日には2打席連続本塁打を放って、星野仙一の通算100勝を祝って握手するなどという面を見せていた。

要は気まぐれだったのだ。ユニフォームのボタンを二つも外して着るなど少年たちの手本にはなれない。意図的に乱しているとしか思えないような様子があからさまだった。それを注意するとまた荒れるのだから始末に負えなかった。

デービスのトラブルはプレー以外の部分でもいくつか生じてきていた。遠征先の選手用の風呂では湯船で石鹸《せっけん》を使ったうえ、西洋風呂のように入浴後に湯を全部抜いてしまったり、記者会見に裸で現れたりするなどということがあった。

まさにチームにとってもメディアにとっても、そしてファンにとっても悪党《ヒール》的な存在だった。ところが性格の気まぐれさそのままに打つこともあるので、やはりその長打は魅力ということになる。それに打率は残していたので、なんだかんだいいつつも、与那嶺監督としては外しづらかったというところがあったのだろう。

傍若無人な振る舞いが多く、宗教の関係で試合前にお経を唱えることがあった。一部では来日したのも、じつはその宗教が理由だったという説もあったくらいだが、あながちそれもウソではないかのような振る舞いであった。

そんなデービスだったが、8月2日の広島市民球場での広島戦でセンター頭上の大飛球を追ってそのままフェンスに激突。左手首を骨折したということで帰国すると、その年はついぞ日本に戻ってくることなくシーズンを終えた。それでも、そこまでは72試合で25本塁打、打率3割6厘の成績を残していた。

その後、中日はなんとか持ち直してきて、後楽園の人工芝での連敗も前年からの19でストップさせるなどして、デービス不在となったのちはベンチも明るくなり、ムードが上がってきて、最終的には3位に浮上してシーズンを終えた。

与那嶺監督はその年で6年間務めた中日監督を辞したのだが、そのラストシーズンに現れた怪人をどのように思っていたのだろうか。

そんな怪人に興味を持ったのは、根本陸夫監督率いる新生クラウンライターだった。宗教をちらつかせながら再来日させたが、その後はフロント入りして寝業師と呼ばれた日本球界の怪人・根本監督でさえ持てあましていたのだろうか。1年かぎりだったが、それでも127試合に出場して18本塁打を放った。

その後、メジャーに復帰してエンゼルスでもプレーしたが、両親を脅迫して逮捕されたという報が入ってきた。

R・デービス――全国中継の試合で東尾修をぶん殴る

リチャード・デービス――近鉄。複数のメジャー球団でプレーしたあと、1984年（昭和59年）シーズンの途中に近鉄に入団。高い打率と本塁打の量産で主軸打者として活躍。86年の東尾修殴打事件が有名。88年6月に大麻不法所持で逮捕され解雇された。

リチャード・デービスは急遽《きゅうきょ》、近鉄に入団した外国人選手だった。

1984年（昭和59年）、近鉄はフィリーズやブルワーズで名内野手として活躍した大物メジャーリーガーのドン・マネーを招聘しており、新しい近鉄の顔となることを期待していた。しかし、マネーはメジャーとはかけ離れた日本の野球環境に戸惑った。とくに当時はどの球場も閑古鳥が鳴いていたパ・リーグのお寒い経営実態や、汚いロッカールームなどに精神的にくたびれ、5月上旬に退団してしまった。

マネーはメジャーでトップクラスの選手だったのだが、引退を決めていたところを近鉄に誘われて来日した。しかし、メジャーの日の当たる場所でプレーし続けてきた男にとっては、いくらかしんどかったということだろうか。もっとも「契約金は返すから帰らせてほしい」という点では不良外国人、悪党《ヒール》ということではなかった。

しかし、慌てたのが近鉄だった。それはそうだ。予定していた戦力にぽっかりと穴があいてしまったのだから……。そこで急いで獲得したのがデービスだった。77年にブルワーズでメジャーデビューしたものの、ほとんど実績を残せずに複数球団を渡り歩いたという選手で、実績からもネームバリューからも、デービスは退団したマネーとは雲泥の差があった。

しかも190センチを超える大柄な体と強面の風貌は老若男女に愛されるヒーロー像とは大きくかけ離れた印象を与えた。別に容姿で判断するということではないのだろうけれども、やはり日本人にとっていかつい外国人というのは一歩引いてしまう存在に感じられる。もっとも、そんな風貌だから、一見して「ケンカは強そうだが……」と思ったファンも多かっただろう。ことに当時のパ・リーグは乱闘騒ぎが比較的多く、そのことも含めてのプロ野球のおもしろさだと思っていたファンもいたくらいである。

ところがデービスには日本の水が合ったのか、入団当初から大活躍。いい意味で誤算だったのだ。出場78試合で18本塁打を放ち、四番打者に定着した。調査も十分にできていないなかで付け焼き刃的に獲得した選手としては十分な内容だったのではないだろうか。当時の岡本伊三美《いさみ》監督としては思わぬ儲《もう》けものだったのかもしれない。

事実、契約は更新され、翌85年はシーズン最初から活躍して40本塁打を放った。86年も36本の本塁打を放ち、打率も入団した年からずっと3割をキープしていた。ここまでの数字を挙げてみると〝助っ人〟として文句なしの活躍を続けていたということがわかる。こうして、いつしかデービスは近鉄の顔のひとりとなり、勝負強いバッティングと存在感にファンは79、80年の2年連続リーグ優勝を牽引《けんいん》したチャーリー・マニエルの再来などと大きな期待を寄せた。

当時の近鉄は大石大二郎、金村義明、村上隆行など新しいスター選手が次々と登場している最中であり、世代交代の真っただなかでもあった。デービスはその若きチームを引っ張る、名実ともにリーダーのような存在であったのだ。

とはいえ、パ・リーグの試合はテレビ中継がほとんどない時代である。観客がセ・リーグの巨人戦などに比べたらわずかななかで戦うことを余儀なくされていた。つまりパ・リーグの強打者は、試合では活躍して一部のファンにはよく知られていて頼もしい存在であっても、全国的には無名に等しかったのだ。

ところが、そのデービスの名がひと晩で全国区になる事件が起こった。

それが86年6月13日の対西武戦だった（扉写真参照）。西武のエース東尾修が投げた内角球をもろに右肘に受けたデービスは激高した。一気にマウンドに走り寄り、東尾にパンチを食らわせたのである。もちろん、この行為だけで即退場ということになった。この日はパ・リーグの試合としては、当時ではめずらしくテレビの全国中継が行われていたが、こういうことが起きてしまうと逆効果になった。たちまちデービスの顔と名前が日本中に知れ渡ったのである。しかも格闘技選手並みのすさまじいパンチが飛んだのである。

それは「怒らせると怖い、巨漢の外国人選手」という、まぎれもなく悪党《ヒール》としてのイメージを定着させるに十分な出来事だった。デービスに下った処分は10日間の出場停止。この罰則も世間に大きなインパクトを与えた。

しかし、デービスを擁護する声も少なくなかった。というのも、東尾はきわどい内角球を投げて打者の上半身を起こす投球がつねで、死球の数が他球団のエース級投手に比べて格段に多かったのもたしかだ。またビーンボールまがいの球を投げても不敵な笑みを見せる態度に嫌悪感を示す対戦相手やファンもいた。

いわば東尾こそ本物の悪党《ヒール》であって、危険球に怒って殴りかかったデービスはヒーローと見る向きもあったわけだ。それに、そのことでデービスの契約そのものがどうなるということはなかった。だから翌年も普通に契約をしている。

そして「東尾殴打事件」のほとぼりがさめたと思えた88年シーズン。近鉄は前年から左腕のエースとして活躍している阿波野秀幸の存在があり、黄金時代の到来が近いことを予感させていた。岡本に代わって就任した仰木彬監督の〝マジック〟と呼ばれる巧みな選手起用が当たり始めていた。この年、近鉄は序盤から王者の西武をひたすら追いかけていた。近鉄にとっては悲願の日本一は近いと思われるシーズン当初の快調ぶりだった。

ところがシーズン前半の6月7日に事件が起きた。

この年も主砲としてチームを引っ張っていたデービスが逮捕されてしまったのである。容疑は大麻不法所持だった。家宅捜査で彼の自宅から大麻と吸引用パイプなどが見つかった。近鉄は逮捕を受けて即座に彼を解雇した。

デービスは大麻とは知らなかったなどと主張したが、いい逃れができない状況だった。こういうことが起きると、かつての話もぶり返されてしまう。世間では、「以前に東尾を殴打したのも、大麻で異常に興奮していたからではないのか……?」などという根拠のない邪推まで飛び出した。

　ともあれ殴打事件がプレー中の出来事であったのに対し、今回はまぎれもなく社会的な犯罪行為だった。それだけに、何をいわれても返す言葉はなかった。こうして決定的な悪党《ヒール》になってしまったのである。

　来日以降、好成績を記録し続けた主砲だったが、近鉄がロッテに連勝すれば優勝というダブルヘッダーとなった、この年の最終戦「10・19」の名勝負（162ページ参照）と翌年の逆転優勝へと続く近鉄感動のドラマに参加することはなかった。そのドラマも知ることなく、寂しくアメリカへ帰ったのだった。

　デービスがいなくなって急遽、手を打たなくてはならなくなった近鉄は、中日の二軍でくすぶっていたラルフ・ブライアントに白羽の矢を立てた。その後のブライアントの活躍は周知のとおりである。

ブライアント――中日二軍から近鉄の主砲に

ラルフ・ブライアント――中日→近鉄。ドジャースでメジャーデビュー。1988年（昭和63年）に中日に移籍するが二軍暮らし。同年6月に近鉄に移ると主力打者として本塁打を量産。翌89年の西武戦で伝説の4打数連続本塁打を放ち、近鉄を逆転優勝に導いた。

ラルフ・ブライアントの代名詞は、豪快な本塁打と三振である。つまり三振か本塁打かというギャンブル性のある選手なので、起用する監督としては、それ相応の覚悟と勇気がいる。

1988年（昭和63年）当時、中日はドジャースのキャンプ地であるフロリダ州ベロビーチで2月の2次キャンプを行っていた。約3週間の滞在の間にゲーリー・レーシッチに続く第3の外国人選手も見つけておきたいという腹づもりがあった。

その眼鏡にかなったのがブライアントだった。ドジャースに昇格して3年目ながら、もうひとつ出番がなかったのは、やはりそのギャンブル的な打撃がいまいち首脳陣の信頼を得ていなかったということであろう。そんなブライアントを中日は獲得した。シーズンが始まって間もなくの4月18日のことだった。

しかし、安定しているゲーリーに比べると不安が多すぎた。外国人枠の関係もあり、二軍に置いておかざるをえない状況になっていた。

ところが状況が一転する出来事が起きた。6月7日に近鉄の主砲だったリチャード・デービスが大麻不法所持で逮捕される事件が起こったのだ。近鉄は即座にデービスを解雇。代わりの助っ人大砲を探していた近鉄は金銭トレードで、中日の二軍でくすぶっていたブライアントを獲得した。

パ・リーグに移ったブライアントは一気に才能を開花させる。シーズン途中から74試合に出場し、34本塁打を放った。彼の勢いがチームを上昇気流に乗せ、近鉄は独走を続けていた西武を猛追。「10・19」のダブルヘッダー2試合目（162ページ参照）で惜しくも引き分けて逆転優勝は逃したが、日本中を熱くさせた戦いは、いまも語り草となっている。ブライアントはこの最終戦でも貴重な本塁打を放った。

一方で三振の多さは相変わらずで、同年は91個。1年間フルに出場した翌年からは毎年200近い三振を記録して「ミスターK」とも呼ばれた。しかも三振するときは3打席連続などということもめずらしくなかった。

「本塁打か三振か」ということは当初から予想されていたことだった。ただ力勝負を挑んでくることが多いパ・リーグの投手との対決では、ブライアントのような極端な打者には活躍の場があったのかもしれない。

近鉄の仰木彬監督はブライアントを使い続けた。三振しても、それも魅力のひとつと考えられる仰木の気持ちの大きさがブライアントには助かった。後年、トルネード投法の野茂英雄や振り子打法のイチローなどを世に出したように、選手の個性を大切にする仰木と出会えたことは幸運だったといえるだろう。

逆に中日に残っていたとしたらどうなっただろうか。あくまでも想像だが、三振の多さから「確実性に欠ける」と判断され、一軍で活躍するチャンスはなかなか与えられなかったままであろう。また、真っ向勝負のパ・リーグと違い、投手が緻密にコースを投げ分けるセ・リーグの野球では本塁打の量産は難しかったのではないか……。

ともあれブライアントは近鉄でブレイク。さらにエディ・マーフィによく似た風貌なども話題となり一躍人気者となった。中日ファンは「こんなすごい打者がうちにおったのか？」と驚くばかり。そして「なんで、その打撃をうちで見せてくれなかったんだ！」との複雑な思いでブライアントを悪党《ヒール》として捉えた。

翌89年。近鉄は西武、オリックスと三《み》つ巴《どもえ》の優勝争いを繰り広げ、シーズン終盤を迎えていた。そして天王山となった10月12日、西武球場（現メットライフドーム）でのライオンズとのダブルヘッダーでブライアントが奇跡を起こす。

ペナントレースは西武が頭ひとつ抜け出し、この日、近鉄に連勝すれば5年連続リーグ優勝に手が届くところまで来ていた。ホームの西武は序盤から4対0とワンサイドでゲームを進めた。だが、ブライアントは4回表に先発の郭泰源からソロ本塁打を放つと、再び4点差となった6回表に満塁本塁打で同点に追いついた。

そして迎えた8回表の打席。エースの渡辺久信がリリーフに出ると、打った瞬間にそれとわかる特大本塁打を放ち、ついに逆転に成功する。このまま近鉄が第1戦を勝利すると、第2戦でもブライアントは敬遠のあとの打席でソロ本塁打を打ち、なんと「4打数連発」で西武を叩きのめしたのである。西武ファンにとっては悪夢の瞬間である。

この日の連勝をきっかけに両チームの勢いは完全に逆転。近鉄はついに2年越しの優勝を果たして「奇跡の猛牛軍団」と呼ばれた。その奇跡を呼び込んだのはブライアントのバットだった。ほぼ手中にしていた優勝が手からこぼれ落ちていった西武は、清原和博、秋山幸二ら主力選手はもとより、監督の森祇晶《まさあき》までもが「いったい何が起こったんだ？」といった感じで放心状態になっていた。とくに第1試合で決勝本塁打を打たれた渡辺がマウンドに膝をついたまま、ライトスタンドに向かっていくブライアントの打球を呆然《ぼうぜん》と見つめていた姿が印象的だった。

そして何より悲しんだのが西武ファンだった。常勝軍団の「当たり前」の優勝シーンを見に来たはずが、悪夢のような惨敗を見せられてしまった。その悪夢を引き起こしたブライアントは、彼らにとっては憎んでも憎み切れないほどの悪党《ヒール》に映っていたことだろう。逆に近鉄ファンは「神様、仏様、ブライアント様！」と頼りになる助っ人の4連発を称えた。立場を変えればヒールとヒーローは入れ替わるということでも象徴的なシーンだったといえよう。

ブライアントはその後も東京ドームの天井スピーカーを直撃する認定本塁打を放つなど、つねに相手投手とファンの前に怖い存在として立ちふさがり、ＭＶＰ1回、本塁打王3回、打点王1回など輝かしい記録を残し、95年シーズンまで近鉄でプレーした。

ガルベス——ミスター長嶋に丸坊主で謝罪させた大狼藉《だいろうぜき》

バルビーノ・ガルベス——巨人。ドジャース、台湾・兄弟を経て１９９６年（平成8年）に巨人に入団。先発ローテーションの一角に座り、来日1年目には16勝をマーク。長嶋巨人のメークドラマに大いに貢献するも、98年に審判にボールを投げつけるなど素行に問題点を残した。

球界の盟主として日本プロ野球の草創期から名門として名をはせてきた巨人だが、かつては外国人選手の獲得に消極的だった。

その理由は定かではないが、プロ野球と巨人の生みの親である読売新聞社社長・正力松太郎が遺した巨人軍憲章のひとつ、「巨人軍はアメリカ野球に追いつき、そして追い越せ」の影響が考えられる。

メジャーをはじめとする外国人助っ人に頼らず、国産選手で強いチームをつくりあげたいとの意思があったのだろう。そのため川上哲治政権が終わった１９７４年（昭和49年）まで、ウォーリー与那嶺（要）やエンディ宮本（敏雄）ら日系人選手数名がプレーしたくらいだ。

戦前にはフィリピン人のアデラーノ・リベラがプレーしていたが、カタカナ名前の選手はそのひとりだけと、〝純血〟にこだわっていた。現役時代にアメリカに留学し、監督就任後も画期的な〝ドジャース戦法〟を取り入れた川上が外国人獲得に否定的だったとは考えられず、球団の方針によるものだろう。

そんな純血路線が、ある時期に終幕を迎えることになる。ミスター・ジャイアンツの長嶋茂雄が監督に就任したときである。長嶋はみずからが守りとおした三塁手の後継者として、75年シーズンの開幕直後にメジャーでは安定した二塁守備で知られたデーブ・ジョンソンを招聘する。

その後も投手のクライド・ライト、リック・クルーガー、野手ではジャック・リンド、ジョン・シピン、ロイ・ホワイト……と外国人枠（当時は支配下登録3人、同時出場2人まで）をフルに使い切った。

監督が長嶋になってから外国人選手と積極的に契約するようになった理由としては、監督交代によるイメージチェンジ、さらにはV9の主力選手の衰えなどもあるだろう。その後の巨人のチーム編成で外国人選手の存在は必要不可欠となっていった。

93年の第2期政権に入り、ドラフトの逆指名制度やFA制度により、プロアマ問わず国内の有望選手の獲得が可能になっても、外国人選手の獲得に消極的になることはなかった。

ブルージェイズなどで169本塁打、280盗塁をマークしたロイド・モスビー、86年に本塁打王に輝くなど241本塁打を記録したジェシー・バーフィールド、走攻守三拍子そろったシェーン・マックら実績十分なメジャーリーガーを次々と入団させていった。彼らの存在はチームに刺激をもたらし、勝利にも大いに貢献した。96年に巨人に入団したドミニカ共和国出身のバルビーノ・ガルベスもそのひとりである。

メジャーではほとんど実績を残せなかったが、台湾の兄弟では1年目に16勝をマークするなど2年連続で2桁勝利をマーク。巨人の春季キャンプでテストを受けて合格し、入団を果たした。

舌を出しながら投げ込む独特のフォームが特徴で、速球に加えて横の変化球などをからめて打者を翻弄するスタイルだった。アメリカや台湾を渡り歩くうちに技巧を磨いていったのだろう。制球もよく、1年目にはエース斎藤雅樹に並んでチームタイとなる16勝をマークし、最多勝を獲得（巨人の外国籍投手としては史上初）する活躍を見せた。

この年、巨人はシーズン中盤まで首位の広島に最大11・5ゲーム差をつけられていたが、その後、怒涛《どとう》の快進撃を見せてリーグ優勝を果たした。長嶋監督がシーズン中にナインを鼓舞すべく発した「メークドラマ」は、この年の新語・流行語大賞の年間大賞にも選ばれた。ガルベスはまぎれもなくその立て役者のひとりだった。

また、来日1年目の5月には中日戦でボールを頭部付近に投げ込まれたことに激怒した山﨑武司にマウンドにつめ寄られると、左手で殴りつけ、両軍入り乱れての大乱闘に発展。血の気の多いところも見せている。

だが、利き手ではない左手で殴ったことを考えると、案外冷静だったのかもしれない。いかつい風貌とは裏腹に神経質な一面があり、自信を持って投げ込んだ投球をボールと判定されると審判の判定に不満を表したり、コントロールを乱したり、マウンドの土を蹴ったりと、情緒不安定に陥ることもしばしばあった。

そして98年7月31日の阪神戦では、ガルベスの名前を永遠にファンに刻み込む大事件を起こすことになる。この試合のガルベスは不安定な投球が続き、6回裏、打者・坪井智哉《ともちか》の場面では2ストライクまで追い込みながら決め球をボールと判定され、集中力が切れてしまったのか、その直後に一発を浴びてしまう。

ホームインする坪井を尻目に、マウンド上で球審の橘高淳《きったかあつし》を睨み続けるガルベス。

不穏な空気を感じたのか、長嶋監督は投手交代を告げ、ベンチに下がるように促した。いったんは納得したかに見えたガルベスだったが、ベンチに戻る直前に振り返ると、橘高球審に向けてボールを投げつけるという前代未聞の行動に出た。幸い球は当たらなかったが退場をいい渡され、その後、セ・リーグからは残り試合の出場停止、球団からは制裁金を科された。

その後の阪神戦でも乱闘騒ぎが起こり、事態を重く見た長嶋監督が頭を丸めるという事態にいたったが、それでも解雇されることはなかった。日本人ではないガルベスを差別することなく、身を挺《てい》して守り抜いた長嶋監督の姿勢はミスタープロ野球にふさわしい態度だったが、国民的英雄を追い込んでしまったことは決定的なマイナスイメージとなった。

メークドラマの立て役者からトラブルメーカーへ。翌年以降は精彩を欠き、00年かぎりでユニフォームを脱いだ。通算46勝は巨人軍の外国人投手としては最多で、〝巨人軍最高の助っ人投手〟として語り継がれるべき選手である。しかし、いまも〝乱闘事件の主役〟としてのイメージのほうが強いのは否めない。悪党《ヒール》としての印象のほうが圧倒的に強い存在となってしまった。

ホーナー――「日本は嫌い」と発言したヤクルトの主砲

ボブ・ホーナー――ヤクルト。ブレーブスから１９８７年（昭和62年）にヤクルトに入団。通算２１５本塁打を記録するバリバリのメジャーリーガーとして来日し、日本でも初出場から4試合で６本塁打を量産。テレビＣＭにも出演したが、１年で帰国した。

ピークを過ぎたり、調子を落としたりしてマイナー生活を強いられている現役メジャーリーガーが日本のチームのユニフォームに袖をとおすケースは少なくない。それなりに野球レベルが高く、年俸も決して低くない日本であれば安心してプレーができること。また活躍すればメジャーの球団のスカウト網に引っかかり、メジャー復帰の可能性も高まるということから、日本に活躍の場を求める選手はいまだに多く見られる。

だが、日本とアメリカ（および自国）の文化や野球の質の違いに戸惑い、思うような結果を残せずに1年で帰国してしまうケースも決して少なくない。

メジャーリーガーの圧倒的なパワーやスピードは、やはり日本のそれを上回っているのは事実だ。それに野球発祥の地としてのアメリカのプライドもあるだろうし、その歴史や存在意義としても、日本とアメリカでは異なるのは当然だろう。そんなこともあって、日本でのプレーはほんの腰かけ……そんな程度の認識しか持っていなかった選手が少なくなかったのもたしかである。１９８７年（昭和62年）に来日し、ヤクルトの主砲として本塁打を量産したボブ・ホーナーも、そのひとりといえよう。

名門アリゾナ州立大で、全米で最も優秀な学生プレーヤーに贈られる「ゴールデンスパイク賞」の受賞者第1号となるなど評価は高かった。78年のメジャーのドラフト会議では全米1位、いわゆる「イの一番」（メジャーでは完全ウェーバー制のため抽選がない）でブレーブスに入団。

マイナーでのプレーを経ずにメジャーデビューするという稀有なスタートを切ると、89試合で23本塁打を記録するなど大物ぶりを見せた。もちろん堂々ルーキー・オブ・ザ・イヤー（新人王）を獲得している。

79年から82年までの4年間で30本塁打以上を3度も記録。とくに82年にはメジャーリーガーとしての大きな名誉のひとつに数えられるオールスターに選出されるなど華麗な活躍を見せている。

メジャー9年間で積み上げた本塁打数は２１５本。故障に苦しんだ時期もあったが、ブレーブスの主砲の座を守り抜いた。

スラッガーとして文句のない成績を残したホーナーは86年オフにＦＡ宣言を行う。だが、年俸の高騰のほか、練習嫌い、トラブルメーカーなどのマイナスイメージが強かったようだ。結局、獲得に手を挙げるチームは現れなかった。

活躍の場を失いかけたホーナーに触手を伸ばしたのは、遠く地球の裏側にある日本のヤクルトだった。87年シーズンの開幕後に契約を交わし、ゴールデンウイーク中の4月末に来日。

前年にはブレーブスの四番として27本塁打を記録している29歳の現役メジャーリーガーの来日である。そんな触れ込みもあり、デビュー戦となった5月5日のこどもの日、阪神戦が行われる神宮球場は大観衆に包まれた。

見せ場はさっそく訪れた。第3打席で仲田幸司の速球を叩くと、右翼にいきなり来日初本塁打を記録した。圧巻は翌6日だった。1試合で3本塁打を放ったが、いずれも打った瞬間に本塁打とわかる特大の当たりだった。さらに来日4戦目の広島戦でも2本塁打を放つなど4試合で6本塁打と打ちまくり、バリバリのメジャーリーガーらしい強烈なバッティングを見せつけた。

シーズンを通じてクリーンアップを任され、打率は規定打席不足ながら3割2分7厘、73打点と安定した成績を残した。本塁打は31本、本塁打率（1本塁打にかかる打数）9・88と驚異的な数字を記録している。

ホーナー見たさに球場につめかける観客が激増し、「ホーナー効果」という言葉も生まれた。前年度のヤクルトの年間観客動員は178万7000人だったが、この年は221万5000人を記録。動員が200万人を突破したのは球団史上初だった。

前年までの5年間のうち最下位4度と弱小チームのイメージが強かったヤクルトだが、この年以降は安定して200万人以上を動員するようになり、12球団でも屈指の人気球団として認識されるようになる。

オフにはその知名度の高さを評価され、親会社のヤクルトのほか、薬師丸ひろ子とビールのCMで共演するなどメディアに引っ張りだことなった。

本塁打の飛距離以外でも日本球界に大きな影響を与えている。たとえば一塁への全力疾走。練習態度はまじめではなかったが、本番ではつねに全力プレーを怠らない姿勢はヤクルトナインの野球に取り組む態度を改めさせた。

また、それまで重いバットでなければ打球は飛ばないというイメージが強かったが、ホーナーは約900グラムという当時としてはかなり軽量のものを使用。その後、スイングスピードにより打球を飛ばすというスタイルがヤクルトのみならず球界に定着している。

チャリティーにも熱心で、裏方のスタッフへの心配りも忘れないなど、「メジャーとは何か」をナインに強く印象づけたホーナー。日本球界にさまざまなカルチャーショックを残した「黒船」の2年目も大いに期待されるところだった。

1億円プレーヤーが稀な時代、3年総額15億円という破格の条件を提示され、いったんは合意したが、突如白紙に戻してカージナルスとはるかに低い金額で契約。「日本は嫌い。戻らなくていいのなら、いくらでもいい」といったとされる。また、翌年には『地球《アメリカ大リーグ》のウラ側にもうひとつの違う野球《ベースボール》があった』（日之出出版）というタイトルの著書を上梓《じょうし》。CM契約料などを含め、日本で稼いだ金額は5億円にのぼった。

ただメジャーに復帰するならまだしも、日本を批判するような発言を行い、「立つ鳥あとを濁さず」をよしとする日本人の美徳を汚すような去り方をしたホーナー。プレーが鮮烈だっただけに、ギャップが大きな落胆を招いて悪党《ヒール》となった。

ペピトーン――無断帰国、職場放棄……史上最悪級の助っ人

ジョー・ペピトーン――ヤクルト。ヤンキース、アストロズ、カブス、ブレーブスなどメジャーで12年間プレーして1973年（昭和48年）6月にヤクルトに入団するも、帰国と再来日を繰り返すなどして1年かぎりで日本を離れ、わずか14試合に出場したのみ。

過去、おびただしい数の外国人選手が来日して日本のプロ野球でプレーしている。そのなかにはメジャー経験がなく、3Aや2Aというファームからそのまま来日した選手もいれば、メジャーに上がったとしてもほとんど実績がなく、新しい展開を求めて日本球界にやってきた選手もいる。あるいはメジャーリーガーとしては全盛期を過ぎたものの、日本球界ではまだまだやれるだろうということで来日する選手もいた。

いずれにしても、迎え入れる日本球団としては、なんらかの期待があるから契約するのである。もっともアメリカでの実績がそのまま日本での成績に反映してくるのかというと、必ずしもそうではない。そんなところにも外国人選手と契約する日本の球団には判断の難しさがあるだろう。生活環境も違えば野球そのものにも違う部分もあるのも現実であろう。だから、いかに日本の環境のなかでハマっていけるかどうか、

つまり、その選手の性格や素行といった面もチェックしておくのも大事な要素となるであろう。そんなことも、活躍するのかどうかのひとつのバロメーターということがいえるのではないだろうか。

活躍できないだけならまだしも、ナインや首脳陣とたびたび衝突してしまう性格や行動は困ったものであろう。またメジャーリーガーとしてのプライドを鼻にかけ、明らかに日本球界を見下してナメた態度を取る選手も見られた。どこかに日本の野球を軽く見ているという態度を示す選手もいた。

それでも契約したのだから、そのとおりにプレーしてくれれば、結果は結果なのだから契約した側としては見きわめ切れなかったということで納得はいくというものである。それよりチームに無断で帰国してしまったり、いわゆる素行不良ということで野球以外の面でもトラブルが絶えなかったりという選手が最も困りものである。1973年（昭和48年）にヤクルトと契約していたジョー・ペピトーンは、そんななかでも格別に不良度の高い悪党《ヒール》外国人選手だった。

果たして、この男は何をしに日本球界にやってきたのだろうか。はたまた来日に何か別の目的や狙いがあったのだろうか……。その行動と日本球界に在籍したわずかな時間のなかでのトラブルの多さを見ても、その存在はますます「なんだったのだろうか」と思わせる以外に言葉がない。

入団前の触れ込みは、かなり期待させてくれるものだった。もともとニューヨーク育ちの都会っ子ということらしいが、62年にヤンキースでメジャーに昇格。地元出身だけに期待度も高かったようだ。ゴールドグラブ賞を3回獲得するなどその守りにも定評があった選手で、そういう面からすると非常に日本向きの選手と思える。しかし、すでにメジャーでも日常の素行に問題ありとのレッテルを貼られていたようで、ヤンキースを退団すると、アストロズ、カブス、ブレーブスと渡り歩くようになっていた。

ちょうどそんな折に、サンケイ時代から7年間在籍していたデーブ・ロバーツが40歳になりかかって衰えも見えてきたところだったヤクルトは、新しい助っ人を模索していた。そこに現れたのがペピトーンだった。通算219本の本塁打という数字はたしかに魅力だったのだろう。しかし、当時の調査では外国人選手の素行などについての情報はあまり入ってこなかった。また、メジャーでの実績があるということだけでOKとしているような傾向もまだまだあった時代だった。

結局、ヤクルトに貢献し続けてきたロバーツを6月16日に解雇した。その代わりに契約したのがペピトーンだったのだ。20日に来日して3日後の巨人戦で決勝打を放ったときには評判どおりと思わせるものだった。

ところが1週間後には自分自身の離婚問題で無断帰国。それが解決するまで帰ってこず、再来日は8月になってしまった。いうなれば1カ月以上の無断欠勤である。しかも今度は10日ほど試合に出ると、アキレス腱《けん》を傷めたことを理由として職場放棄してしまった。そして9月には2度目の無断帰国をしている。

これだけのことが起きてしまうと、さすがに「フロントは何をやっていたんだ」ということになる。三原脩《おさむ》監督も戦力として考えていないという判断を下したが、ペピトーンは2年契約をタテに来季も契約を結べと主張してきた。

とはいうものの、それなら来季に向けてしっかりトレーニングをして調整してきているのかというと、とてもそんな状態ではなかった。代理人を通じて自分の権利ばかりを主張するが、球団のいうことは聞かないという態度だった。契約が残っていたのなら、球団としては調査不足の失態として、少なくともこの1年だけでもなんとかその分だけの戦力にはなってもらわないと……というのが本音であろう。

しかし、キャンプにも現れず、さすがに呆《あき》れたヤクルト側は指定日までの来日がなければ契約無効として解雇ということを伝えた。にもかかわらず、来日する気配すら示さず、あげくに愛犬の空輸費用を請求する始末。結局、ヤクルトはシーズン開幕前に任意引退選手とした。

その後のペピトーンのニュースは、85年にコカインと銃の不法所持が伝えられ、続いて92年には暴行事件が伝えられた。さらに95年にも飲酒運転による追突事故で逮捕された。まさに国内外でお騒がせだったのだ。

それにしても、数いる外国人選手のなかでも最悪の存在だったことだけは間違いない。しかも、それまでいたロバーツが日本野球になじんで、ひたむきにプレーしてファンが多かっただけに、その代わりがこれでは……と、日本球界に外国人選手不信を抱かせた要因になった。

シピン――全力プレーが魅力だった「ライオン丸」

ジョン・シピン――大洋→巨人。パドレスでメジャーデビューするも、その後はマイナー暮らし。1972年（昭和47年）に大洋に入団。長髪とヒゲから「ライオン丸」と呼ばれ、主力選手として活躍したあと、78年に移籍した巨人でもレギュラーポジションを獲得。

メジャーで1シーズンだけプレーした実績を持つジョン・シピンが日本にやってきたのは1972年（昭和47年）のことだった。

180センチそこそこで73キロと、当時来日していた外国人選手のなかでは身長も体重もあまり大きくなかった。その時代に外国人野手に求められていたのは、並はずれたサイズからパワーで運んでいく豪快な本塁打だった。

そのイメージからすると、ちょっとハズレ感があったシピンだった。ところが、そのスタイルは一瞬にして野球ファンの目を釘《くぎ》づけにした。ボサボサの長髪ともみあげ、さらにはヒゲで、まるでヒッピー族のような風貌である。日本のファンがイメージしている野球選手というスタイルからはかけ離れたものだった。しかし、その規格外な点をおもしろがる向きがいた。

そんなシピンは「ライオン丸」と呼ばれた。これは当時の人気テレビドラマ「快傑ライオン丸」から取られたものだった。

大洋に入団したシピンはすぐに主力選手となる。本塁打を量産するタイプではないが、つねに打率3割前後と安定した打撃でクリーンアップの一角を担った。また、守備では二塁手として2度のダイヤモンドグラブ賞に輝くなど、すぐれた野球センスを披露していた。

72年から4年連続5位で、その後は連続最下位と万年下位に定着していた弱小チームの大洋である。そんななかで孤軍奮闘する姿は、その突飛な風貌だけに、とくに目立った存在となっていた。

シピンはとにかくファイティング・スピリットにあふれた選手だった。デッドボールを食らうと相手投手につめ寄って口論しに行く。場合によってはそれで相手投手を挑発してカッカさせてしまうこともあった。また走塁でクロスプレーになったときに相手野手のユニフォームをスパイクで破るなど荒っぽいしぐさも魅力のひとつだった。こうなってくると「ライオン丸」と呼ばれた風貌もケンカっ早いイメージをより膨らませていくようになった。もちろん大洋の対戦相手のファンからは、当然のように

「悪党外国人《ヒール》」として恐れられていくようになった。

そんなシピンに大きな転機が訪れた。78年シーズンだった。この年、シピンは球界の盟主・巨人に移籍する。巨人には伝統となっている不文律が存在する。それは「巨人軍はつねに強くあれ」と「巨人軍はつねに紳士たれ」だ。

紳士の軍団である巨人では、むさくるしい風貌は御法度《ごけっと》だった。それに従ってシピンは代名詞となっていたボサボサの長髪を切り、もみあげとヒゲを剃った。その顔はまるで別人のようにハンサムで、さっそく多くの野球ファンに話題を提供した。とくに巨人ファンは「ライオン丸から紳士に生まれ変わったシピンが、巨人を強くするために頑張ってくれる！」と大きな期待を寄せた。

長嶋茂雄監督になって4年目。2年連続リーグ制覇中の巨人は、3連覇とV9以来の日本一を狙っていた。シピンは期待どおりに攻守に活躍。巨人1年目は3割1分5厘、2年目は3割1分3厘と助っ人として申し分のない働きを見せた。

ただし、風貌は変わっても「ライオン丸」の性格は変わらなかった。78年シーズンにはデッドボールを受けて2度も相手投手を殴り、退場処分を受けている。

なかでも7月10日のヤクルト戦は、いまや伝説となっている試合だ。

広岡達朗監督率いるヤクルトはここまで快進撃を続けており、この時点で首位に立っていた。元巨人の三遊間コンビで、熱い長嶋監督とクールな広岡監督という対照的な指揮官の対決は、因縁の勝負としてつねに注目を集めていた。

この日も好試合が期待されたが、初回のチャンスに打席に立ったシピンが鈴木康二朗投手からデッドボールを受けると迷わずマウンドに突進。鈴木に殴りかかり、両軍選手入り乱れての大乱闘に発展した。直後にシピンへの退場処分が下る。これがこのシーズン2度目の退場だった。

両軍に火がついた試合は乱打戦となり、巨人先発のクライド・ライトに長嶋監督が交代を告げると、今度はライトが激怒。ベンチに戻るや大声で怒鳴り散らし、近くにあったものを次々と破壊した。さらには退場になっていたシピンとともに、そのまま球場をあとにして自宅へ帰ってしまったのだ。

ケンカによる退場と職場放棄。これは「巨人軍はつねに紳士たれ」とは正反対の行動であり、大問題となった。

その引き金を引いたのがシピンだったのである。

結局、ライトはこの事件が元で退団。シピンには制裁金と3日間の出場停止というペナルティが科せられた。風貌はスマートになっても、シピンはやはり「ライオン丸」であったことが証明された試合だった。

このように、シピンは大洋、巨人を通じてお騒がせな外国人選手であった。その半面、メジャー仕込みの華麗なプレーや激しいファイティング・スピリットで数多くのファンを魅了したことも事実だ。だからトラブルメーカーであっても固定したファンがついていた。そんな選手だったのである。

第1次長嶋政権最後の年となった80年シーズン途中、シピンは腰痛などが原因で途中退団。日本でのプレー期間は9年だった。

このどこか憎めない悪党《ヒール》は、記憶に残る名選手として、いまもファンの心に刻みつけられている。

ライト――降板を告げると暴れ出す「テキサスの牧童」

クライド・ライト――巨人。エンゼルスにドラフト7位で入団し、1966年（昭和41年）にメジャーに昇格。通算100勝を挙げ、76年に巨人に入団。長嶋茂雄監督のもとで2連覇に貢献したが、78年に退団。引退後はアルコール依存症での入院騒動もあった。

1976年（昭和51年）、巨人の球団史が新しい歴史を刻むことになった。というのは、初めてメジャー出身の投手が加わったからである。

テネシー州ジェファーソンシティ出身のクライド・ライトは64年にエンゼルスからドラフト指名を受け、66年にメジャーに昇格する。70年には22勝を挙げてメジャーでも一流投手の仲間入りを果たした。その後、74年にブルワーズに移籍し、75年にはレンジャーズに移りながら通算100勝を記録。その実績を引っさげて「球団初のメジャー投手」という触れ込みで巨人入りした。

メジャーで活躍した投手だから力でぐいぐい押してくるタイプかというと、そうではなかった。ストレートは球速にして130キロ台というものだった。ただし変化球は多彩で、投球術が巧みな投手であった。ある意味では日本人的な投手だったかもしれない。当時、まだ日本ではあまりなじみがなかったスクリューボールを駆使した影響も大きかった。打たせて取る投球術が冴えていたのだ。

初先発した大洋戦では5回3分の2を投げて初勝利をマークしている。前年は球団史上初めての最下位に沈んでいた長嶋巨人である。期待のライトが上々の滑り出しだったことで元メジャーリーガーの左腕への期待は高まった。

ところが時がたつにつれて周囲の見方は変わってくる。たしかに投手としての実力は日本野球にマッチしていたであろう。ところが問題は彼の素行にあった。「テキサスの牧童」とみずからを称したが、実際は悪童のごとく気性が激しく、審判や相手選手、時には自チームに向けても暴言を吐くことが多かった。元メジャーリーガーとしてのプライドから日本の野球をどこか下に見ていたところがなきにしもあらずな感じを与えたものである。

交代を告げられた際にはロッカーでユニフォームを引き裂いて不満をあらわにした。場合によっては、そばにいた通訳の首を絞めたり、監督室にジュースの瓶を投げつけたりしたこともあった。交代のたびに巨人ベンチには緊張が走ったという。

騒動はグラウンド内にかぎらなかった。ライトは当初、球場のある後楽園付近のホテルで暮らしていたが、赤坂のホテルに移ることを球団に要求した。しかも多摩川で行われる練習にほとんど参加しないばかりでなく、夜になれば繁華街に繰り出していたのだ。そのためには赤坂に近いほうが便利だったのである。仕事より自分の遊びを優先していた節《ふし》があった。その遊び場である赤坂のディスコでホッケーのドイツ代表とケンカになって騒ぎを起こしたことも報じられた。

ほかにも、ヤクルトや近鉄で活躍したチャーリー・マニエルと口論の末にケンカを売って逆に返り討ちにあうなど、傍若無人な行動は枚挙にいとまがない。気性が荒かったのだが、そんなトラブルが続いていたこともあって、いつしか「クレージー・ライト」というありがたくないニックネームで呼ばれるようになった。

それでも76年は8勝7敗、防御率3・32、77年は11勝9敗、防御率4・24とまずまずの成績を残していた。実績としてはローテーションの一角として巨人の2連覇に貢献した。しかし、そんなに勝手なことをしていても、そこそこ勝てていたということもまた、ライトをつけ上がらせることになってしまっていた。ライトの勝手気ままさは、ますます増長していった。

もともと好きだったアルコールの量は増え続けていった。そのあげくに、3年目の

78年は開幕から出遅れた。原因としては左肩痛ということだったが、もちろん日ごろの不摂生にその元凶があったことは誰の目にも明らかだった。

そして事件は7月、ヤクルトとの首位争いの試合で起こった。その試合で先発するも途中降板となり、そのことにキレた。この試合はその前に同僚ジョン・シピンが死球に怒って乱闘を起こして、すでに退場を食らっていたという伏線があった。

そんな不穏な空気がベンチのなかに漂っていたところに、「クレージー・ライト」の降板劇である。もともと短気でキレやすいライトは、そんな空気にいち早く化学反応を起こして荷物を置いたままシピンとともに帰ってしまった。

さすがに球団もキレた。このことを理由として退団処分とした。同年の成績は7試合に登板して3勝2敗で、防御率4・97というものだった。正直、球団としてもいくらか持てあまし気味になっていたということがあったので、退団させられる理由が見つかってホッとしたというところがあったのかもしれない。

結局、ライトは78年途中までで59試合に登板、22勝18敗、防御率3・97という数字を残した。ケンカに暴言、練習不参加、傍若無人ということもあったが、数字だけはそこそこ残しているのが憎いくらいだ。

ライトはその後、メジャーには復帰せずに引退した。アルコール依存症だったことは後日わかったことである。メジャーに復帰しなかったのは、依存症の治療に専念するためだった。

アルコール依存症を克服したライトは実業家に転身。古巣エンゼルスのホームでファストフード店を開いて成功しているという。長蛇の列ができるほどの人気店を営む傍ら、ピッチングスクールを開校し、子どもたちの育成にも力を入れている。

息子のジャレットは父親と同じく投手となった。インディアンスで始まり、98年には12勝、04年にはブレーブスで15勝、06年にはヤンキースで11勝をマーク。07年に引退した。

ライトは実業家として成功を収め、いまは孫に野球を教えることもあるという。18年にはエンゼルスの職員として日本のテレビ番組に顔を見せた。日本ではマウンドでの活躍よりクレージーなイメージが色濃いが、その振る舞いはアルコール依存症と無縁ではなかったろう。引退後の姿にライトの真実が映っているように思えてならない。

クロマティ――大乱闘劇を演じた中日・宮下との友情

ウォーレン・クロマティ――巨人。エクスポズで活躍したあと、1984年（昭和59年）に巨人に入団。3度のリーグ優勝に貢献し、89年には首位打者やMVPに輝く。巨人での通算成績は779試合、3割2分1厘、171本塁打。第1回日米大学野球選手権にも出場している。

事件は1987年（昭和62年）6月11日、熊本の藤崎台球場で起きた。年に一度の巨人戦に、スタジアムには2万5000人の観衆が集まっていた。

中日を相手に巨人は序盤から得点を重ね、守ってはプロ2年目の桑田真澄が好投し、初回からスコアボードに0を並べていた。コントロールのいい桑田は、中日の中軸に対して内角の厳しいところを巧みに攻めてきていた。

しかし、巨人が4点リードして迎えた7回裏、二死二塁という場面でのことだった。中日の2番手として踏ん張っていた宮下昌己《まさみ》が投じた初球が内角を大きく外れた。この球が打席のウォーレン・クロマティの背中にズドンと当たったのである。当時、ストレートは最速154キロ出ていたという宮下である。とはいえ、あまり球種があるほうではない宮下の場合、かわす投球では打たれてしまうという意識があった。それに相手の桑田が厳しく内角に投げ込んできていた。相手は高校から入ってきて2年目の投手である。宮下としては「負けるもんか」という意識があった。しかし、少し手元が狂って背中のど真ん中に当ててしまったのだ。

「帽子を取れ！」

死球を受けた助っ人は怒りをこらえていた。ことに外国人選手は自分に向けられてくる球は〝ビーンボール〟としてことのほか激高することが多い。クロマティもそんなひとりだった。内角のきわどいところを狙って投げてくることが多いメジャーの試合では、打者と投手の間には、つねに死ぬか生きるかの真剣勝負のような緊張感が漲《みなぎ》っているのだ。

クロマティは血相を変えてマウンド上の宮下ににじり寄ってきた。宮下もまさか手は出してこないだろうと思っていたから、「ここでひるんではいけない」と睨み返した。ところが相手に謝る気がないのを見て取ると、クロマティは猛然と駆け寄るや、右ストレートを見舞った。

クロマティは10年間のメジャー生活を経て84年に巨人に入団した選手だ。打率2割8分、35本塁打と1年目から安定した成績を残し、3年目の86年には3割6分3厘、

37本塁打をマークした。この年は阪神のランディ・バースが3割8分9厘、47本塁打という驚異的な数字を叩き出したために、タイトルを逃したものの、クリーンアップを担うには十分な活躍を示していた。

相手にすれば調子に乗せてはいけない中軸である。加えてホームベースに覆いかぶさるように構える独特のクラウチング・スタイルのため、駆け引きとして内角を攻める投手は多かった。クロマティがいらだちを覚えても無理はない。

右ストレートが見事に宮下の顔面を捉えるや、両軍のベンチから選手やスタッフがグラウンドになだれ込んだ。互いに揉《も》み合う乱闘劇のなか、クロマティは桑田に制されたが、宮下は左あごの打撲など全治10日のケガを負った。中日の星野仙一監督が拳を固めながら巨人の王貞治監督に抗議した場面も話題となった。

試合はその後、8回に中日と巨人がそれぞれ1点を入れ、5対1で巨人が勝利した。桑田のプロ初完封はおあずけとなったが、完投でハーラートップの8勝目を挙げた。

これが球史に残る乱闘劇として語り継がれてきた事件の概略である。しかし、宮下が投じたボールにはどうやら裏があったようだ。乱闘から20年以上を経てテレビにゲスト出演した宮下は、当時を赤裸々に振り返っている。

「左バッターにまっすぐを当てるようなプロのピッチャーはいない。わざとです」

クロマティを出場停止にすべく意図的にデッドボールを犯し、怒らせて殴るように仕向けたのだという。帽子を取ればクロマティは殴らない。それがわかっているから、あえて謝る態度を取らなかった。いずれも彼自身の意思で行ったことではなく、クロマティも故意に当てられたことに気づいただろうと宮下は語っている。

クロマティはその後も活躍を続け、89年にはキャリアハイの3割7分8厘を記録して首位打者やMVPを獲得した。だが、ファンの記憶に残っているのは記録だけにとどまらないだろう。頭部に死球を受けて退場した翌日に代打満塁本塁打を放ったり、敬遠のボールに食らいついてサヨナラヒットを打ったりと、見る者の記憶に刻まれる場面は少なくない。センターの守備では緩慢なプレーも目についたが、それ以上に勝負強いバッティングと陽気な性格、両頬とともに膨らませる風船ガムが印象に残る。

90年シーズンをもって巨人を退団したクロマティはメジャーに1年間復帰した。引退後は米独立リーグなどで監督を務め、プロ野球マスターズリーグにも参加した。

07年にはプロレスデビューを果たした。「ハッスル・エイド2007」でヒールレスラーとして悪名高いタイガー・ジェット・シンとタッグマッチで対戦することが決まり、発表会見の際にはサーベルを振り回すシンにバットを持って応戦した。後日行われた試合には宮下も応援に駆けつけ、クロマティが勝利を収めた。

クロマティと宮下は乱闘事件のあと、顔を合わせる機会はあっても話すことはなかったという。だが、後年、テレビの企画によって二人は再会している。クロマティは宮下に謝罪し、宮下も笑顔で応じた。一件から25年以上がたっていた。

あの日、強烈な右ストレートを見舞ったことでクロマティは一躍、球史に残る悪党《ヒール》となった。真相はともかくとしても、乱暴自体は許される行為ではない。ただ事件の背景が真実であるなら、本当の悪は別のところにあろう。何より、殴った事実だけを切り取れば悪党《ヒール》でも、クロマティ自身は憎めないキャラクターとしてファンの心をつかんでいた存在であったのだ。そう思うと、左利きの彼が右ストレートを選んだのにも意味があったのではないかと、ついつい詮索してしまうのである。

ビュフォード――「太平洋vs.ロッテ」遺恨戦でカネやんに突撃

ドン・ビュフォード――太平洋クラブ→南海。1963年（昭和38年）にホワイトソックスでメジャーに昇格し、翌年から三塁手と外野手として活躍。ワールドシリーズにもオリオールズ時代に3年連続で出場している。73年に来日して太平洋クラブに3年間在籍し、南海に移籍。

日本では1973年（昭和48年）から3年間、太平洋クラブでプレーし、その後、南海で1年プレーして帰国しているドン・ビュフォードは、ホワイトソックスなどメジャーで10年プレーし続けた実績を引っさげて来日した。

そして日本に滞在していた4年間の成績は、490試合に出場して1779打数480安打、213打点、65本塁打、打率は2割7分という数字が残っている。この数字だけを見てみると、4年間いたということでもわかるように、そこそこ活躍した外国人助っ人というイメージである。よくあるように、お騒がせのわりに何もしなかった不良外国人選手でもなければ、いわゆるトラブルメーカーの類いでもない。

日本の野球にもそれなりになじんで、きちんと自分の仕事をこなしてきていた。ポジションも三塁手をやったり外野手をやったりと、このあたりも器用にこなしていた。

それでは、どうしてそんなビュフォードが悪党《ヒール》という扱いになっているのか。それは当時のパ・リーグの状況によるところが大きい。

プロ野球で2リーグ制がスタートしたのが50年だった。スタート早々は南海が強い時代が続いていたが、その対抗馬として西鉄があった。南海と西鉄は関西と九州の私鉄同士であり、そんな親会社の存在もあって意識し合っていた。南海には鶴岡一人監督がおり、西鉄は三原脩監督がいて、この二人はお互い異なる質の野球だったが、ライバルとして認め合いながら切磋琢磨《せっさたくま》し合ってきた。

しかし、リーグの人気という点では巨人と阪神が競い合っているセ・リーグに徐々に水をあけられるようになっていった。ことにセ・リーグは巨人をはじめ中日と国鉄から球団を買収したサンケイなどメディア系列を親会社に持っているチームが多く、マスコミへの露出が多かった。

巨人は親会社の読売新聞や系列の日本テレビが積極的に報じていくことで注目度が上がっていった。ことにテレビの影響力は強く、64年10月の東京オリンピック開催を控えて、これを機にテレビを購入しようという家庭の数も右肩上がりで上昇していた。そして、そんなテレビのメインコンテンツのひとつとしてプロ野球中継があったのだ。

とくに積極的にプロ野球中継を推進していたのは読売グループの日本テレビで、巨人の選手はテレビを通じて広く知られていくようになった。

広く知られれば人気も上がっていく、そして巨人の認知が進んでその人気が上がれば、ライバルの存在もクローズアップされていく。その一番手が阪神だったし、中日も親会社がメディア系ということもあり、地元を中心に食い下がっていた。

こうしてメディアの発達とともにセ・リーグは巨人を先頭にますます人気を博していくようになっていた。

これに対して鉄道会社が中心だったパ・リーグは人気という面で徐々に水をあけられているという現実は否めなかった。さらには東京オリンピックの年に東映が日本一になったのを最後に、その後9年間は、つねに日本シリーズでも巨人に勝つことができていなかった。いつしかパ・リーグはセ・リーグより下という認識がつけられてしまっていた。

図らずも球団の経営母体も揺らぎ始めていた。かつては一時代を形成していた西鉄が低迷を続けたあげく、72年に球団を手放した。これをゴルフ場などを経営するディベロッパーでもある太平洋クラブがネーミングライツを獲得した。

また、唯一メディアである毎日新聞が母体となっていた大毎も、やがて東京オリオンズとなり、さらには製菓会社のロッテに身売りしてロッテオリオンズにチーム名が変わっていた。新時代到来というと聞こえはいいが、経営母体が安定しているイメージがあるセ・リーグに対して、パ・リーグのそれは悪あがきをしているかのようにも映った。

そんなパ・リーグである。何か売りが欲しいものだと画策しているうちに、73年に発足した九州の太平洋クラブファンと、同年にロッテの監督に就任していた金田正一との間に、福岡の平和台球場でヤジをめぐったいざこざが生じることが多くなっていた。

その背景には太平洋クラブが獲得予定だったジム・ラフィーバーをロッテが横取りしたという経緯もあった。いざこざはエスカレートし、平和台球場には野球を見て太平洋クラブを応援するというよりは、金田をヤジり倒しに行くファンのほうが目立つくらいだった。こうして「太平洋・ロッテ」戦は遺恨試合としてロッテの本拠地の川崎球場でも険悪なムードのなかで行われるようになった。こんな尋常ならざる雰囲気が続いていくなかで事件は起きた。

74年4月27日、川崎球場で本塁のクロスプレーをめぐってトラブルとなったが、飛び出した金田を当時太平洋クラブ2年目のビュフォードが飛び出して止めにかかった。ところがビュフォードの突進が金田を吹っ飛ばす形になった。

さらには、そのときの写真を次の平和台でのロッテ戦への煽りとして用いたことで、「遺恨試合」のみがクローズアップされることになった。その張本人としてビュフォードも取り上げられて、たちまち悪党扱《ヒール》いとなってしまったのだ。

後日、いろいろ調査を進めていくうちに、こうした一連の騒ぎは、多分に人気回復のために太平洋クラブサイドが意図的に演出して煽ったものではないかということになった。本来の野球ではなく、乱闘という番外編での話題をつくっていこうとした構図にも問題があった。そしてプロレス興行でもあるまいに、外国人選手を悪党役《ヒール》としてけしかけてしまったことで、結果、ますますパ・リーグの野球は粗暴だというイメージだけを強烈に残してしまうという悪循環を招いた。

思えばパ・リーグ暗黒時代のひとコマである。それでもビュフォードはその後も日本できっちりプレーしている。そしてパ・リーグの人気はいま、札幌や仙台でも人気カードとなっている。隔世の感がある出来事もあったのだ。

ミッチェル――身勝手な行動に「寝業師」根本陸夫も唖然

ケビン・ミッチェル――ダイエー。メッツ、パドレス、ジャイアンツ、レッズなどでメジャー通算220本塁打を放ち、ジャイアンツ時代の1989年（平成元年）にはナショナル・リーグの本塁打、打点の二冠王になり、MVPも獲得、95年にダイエーに入団するも、8月に解雇。

鳴り物入りで迎えた元メジャーリーガーだが、必ずしも額面どおりの活躍を示してくれるかというと、そうでもないケースも少なくない。メジャー通算220本塁打を放ち、ジャイアンツ時代にはナショナル・リーグの本塁打王と打点王にも輝き、MVPを獲得して、1995年（平成7年）にダイエー入りしたケビン・ミッチェルも、そんな期待を裏切ったひとりだった。

ミッチェルは80年にメッツと契約し、84年にメジャー昇格。いったんは降格するものの、86年に再昇格すると、投手、捕手、中堅手以外の全ポジションで出場を果たしている。ジャイアンツへの移籍で大きく開花して大物扱いされる存在になっていった。その後、マリナーズ、レッズを経て、95年に来日することになった。

この年、ダイエーは根本陸夫監督が球団専務に昇格してフロント入りし、後任には

「ONで日本シリーズを」を誘い文句として、世界に名をはせた王貞治監督を就任させて、大いに話題になっていたところでもあった。

「球界の寝業師」の異名を取る根本は、監督としてよりむしろ選手獲得など人事面においてよりその手腕を発揮した人物である。ドラフト会議では、すでに駒澤大進学一本を打ち出していた、この年のナンバーワン高校生といわれていた別府大附（現明豊）の城島健司を強引に指名して入団に導いていた。さらには西武から前年の秋山幸二をはじめ、工藤公康（現ソフトバンク監督）、石毛宏典といった西武王国を築いていた主軸を移籍させてきていた。

しかし、根本の監督時代は6位、4位と上位に食い込めていないダイエー。戦力的にはまだまだ十分ではないことは十分に承知していた。秋山ひとりではまだまだ大砲不在だった。そこで事前調査では「いくらか素行面に問題がある」ということは承知していながらも、メジャーで220本塁打という数字が魅力だったミッチェルを獲得した。

現役メジャーリーガーの主砲が来日することだけでも話題になるだろうと踏んでのことだった。94年のレッズでは、MLBが待遇をめぐってストライキを実施して、それが長引いてブランクがあったにもかかわらず30本塁打を放ち、打率3割2分6厘。長打力だけではなく、シュアなバッティングもできるということを証明して見せる数字であった。その年にＦＡとなり、移籍先を求めていたということも要素としては大きかったであろう。

いずれにしても、メジャーの大物獲得によって王ダイエーへの期待感は高まっていた。そして、その鍵を握るのがミッチェルだろうという声は多かった。ミッチェルがメジャーでの数字どおりの働きをすれば、王ダイエーのいきなりの快進撃もありうるのではないかと思われた。

注目の開幕戦。果たしてミッチェルはもちろん四番に座ったのだが、初回にいきなり満塁で打席が回ってきた。そして期待に応えて満塁本塁打を放った。まさにメジャーの威力を見せつけた。

しかし、ミッチェルの名前が試合で大きく扱われたのはこれだけだった。やがて故障を理由に試合に出たり出なかったりということが繰り返されていった。外野守備にはつけないということで、指名打者（ＤＨ）として先発に名を連ねたこともあったが、ほどなくして「故障が回復していない」ということを理由に欠場。

メディアはそんなミッチェルに疑いを持ってきていた。「看板倒れ」「故障を隠しての来日」などと叩かれた。じつはメジャー時代にもこうしたことがしばしばあったということがわかってきた。だからレッズでFA権を取得したときにも、ほかの球団がなかなか手を出さなかったのである。そこに手を挙げたのが大砲を求めていた日本のダイエーだったのだ。本人はもちろん、どこでもいいからプレーをしたかったということもあって、少し遠いけど日本でもいいかということになったのであろう。しかも世界でもその名を知られている王が監督になったチームである。

華々しいデビューは日本のファンの度肝を抜いたのだが、その後の身勝手な行動は、今度は日本のファンを唖然とさせることになった。勝手に試合を欠場して無断帰国するなど、日本の規範にはハマらない行動が相次いだ。

ファンは開幕戦での華やかな一発のことなどは、その後のトラブルですっかり忘れてしまっていた。そしてミッチェルは、たんなる元メジャーリーガーを掲げたトラブルメーカーでしかないというイメージになっていた。「さすが大物」と思わせたのも、ほんのわずかな期間だけで、不良外国人として、ダイエーとしてもその扱いに困り果てていた。

ミッチェルが数々のトラブルを引き起こしているうちに、チームもどんどん低迷していった。気がついたら近鉄と最下位争いをしている始末だった。

2度目の無断帰国は8月だったのだが、それを機に球団はミッチェルの解雇を決定して伝えた。すると年俸契約だから全額を支払ってくれとミッチェルサイドは裁判を起こして争ってきた。

結果的にダイエーとしては契約金を含めて大きな損失だったわけだが、現役メジャーリーガーが日本にやってくるということは、やはりその裏に何かあるのだということを、あらためて認識させる事件であった。

結局、ミッチェルのダイエーでの成績は37試合に出場したのみで、130打数39安打、8本塁打、28打点というものだった。それでも、いちおう打率3割を残したのはさすがというべきか、なんというべきか……。

その後のミッチェルはレッドソックスに復帰し、さらにレッズ、インディアンス、アスレチックスと移っていったが、活躍することなく引退した。むしろ、その後のゴルフ場での暴行事件などのほうがニュースになり、やはり悪党《ヒール》的な存在だった。

バッキー――たった一発のパンチで選手生命を絶たれる

ジーン・バッキー――阪神→近鉄。サウスウエスト大からハワイ・アイランダーズを経て、メジャー経験なしで阪神にテスト入団。日本球界に順応し、1964年（昭和39年）には29勝をマークして阪神のリーグ優勝に大いに貢献。外国人初の沢村賞を受賞した。

日本で高校、大学、社会人野球を経ていないアジア人を除いた外国籍投手で最も多くの勝ち星（100勝）を挙げているのが、南海で活躍したジョー・スタンカと、このジーン・バッキーである。

外国人とはいっても、メジャーとは無縁だった。マイナーリーグに在籍していた1962年（昭和37年）、阪神の入団テストを受けるため来日した。長身からのリーチの長い投球が当時の藤本定義監督の目にとまり、日本球界に身を投じた。

ファミリーネームの〝BACQUE〟は正確に発音すると〝バックェ〟となるが、怪物みたいだということで（一説には〝バカ〟に通じるのを嫌ったという話もある）、戦前に活躍したバッキー・ハリスにあやかり、登録名はバッキーと表記されるようになった。

スピードは抜群だったが、コントロールがいまひとつ。いわゆる〝荒れ球〟ということもあり、当初はファーム暮らしを余儀なくされた。1年目の成績は0勝3敗、防御率4・70。普通の外国人投手であれば解雇されても不思議ではないが、当時はまだ25歳。制球さえ向上すれば使いものになると判断されたためか、成長途上ということもあり、育成対象として残留となった。

コーチ陣の指導もあり、翌年には先発、リリーフ兼任ながら8勝をマークするなど成長を見せた。その年のオフ、当時の阪神投手陣の二枚看板だった村山実と小山正明の一方の雄である小山が山内一弘との〝世紀のトレード〟によって東京オリオンズに移籍することになった。これでバッキーはたちまち阪神投手陣のなかでエース村山に次ぐ2番手の投手として大きな期待を受けるようになった。

迎えた64年、バッキーは大ブレイクを果たす。チームが記録した80勝中、3分の1となる29勝をマーク。防御率1・89の好成績を挙げ、最多勝、最優秀防御率のタイトルを獲得した。ベストナインに輝いたほか、外国人投手としては初めてとなる沢村賞にも選ばれている。当時は記者投票で選ばれた沢村賞を獲得したことでもバッキーの好感度がうかがい知れるが、文句のない活躍を見せたこともたしかである。

翌65年も18勝、防御率2・28と安定した投球を披露したが、6月28日に甲子園で行われた巨人戦ではノーヒットノーランをマークするなど、いちだんと成長した姿を見せている。外国人選手は舞台が大きくなればなるほど闘志を燃やすといわれているが、バッキーも例外ではなかった。相手がライバルの巨人戦となると、いつも以上に気迫をむき出しにして臨んでいった。

64年から68年まで5年連続で2桁勝利をマーク。この間にマークした92勝は村山の99勝に次ぐ数字で、阪神には欠かせない二本柱としてチームの勝利に貢献している。防御率はつねに2点台をマークし続けていたが、もし当時の阪神打線に得点力があれば、もっと勝ち星を積み重ねていたものと思われる。入団時の期待値を考えれば、まさしく掘り出し物といってよかった。

バッキーが成功した要因のひとつとして、日本の野球だけでなく文化にも順応しようと努力していたことが挙げられる。ナインとのコミュニケーションに支障が出ないよう日本語を学んだ（要するに、通訳をつけてもらえなかったわけだ）。もうひとつは、日本人以上のハングリー精神の持ち主だったことだ。

遠征中の宿舎では、ほかの選手と並んで布団を敷いて寝ていたという。住まいも甲子園裏の長屋のような二間の木造アパートで、球場に自転車や徒歩での通勤を強いられた。それはエース級として認知されたあとも変わることはなかった。

特別待遇といえば、65年に阪神が初めて高知県の安芸《あき》でキャンプを張った際に、ホテルがなかったこともあり、市役所の近くの駐車場に特設のプレハブ住宅「バッキーハウス」を建ててもらったことくらいだろう。

技術に対する探究心が高く、研究熱心であったこともポテンシャルの開花につながった。入団当初は制球の悪さがネックとなったが、チームには渡辺省三や小山ら抜群の制球力を誇る投手が在籍していたことも大きかった。二人の先輩の投球からコツをつかみ、みずからの栄養としていった。

だが、バッキーのサクセスストーリーは突如終わりを迎える。

阪神と巨人はシーズン終盤まで激しい優勝争いを演じていた。ゲーム差0で迎えた9月18日の巨人とのダブルヘッダー第2戦、先発のバッキーは不調でリードを許していた。

イライラしていたのか、迎えた4回、巨人の主砲・王貞治の内角に厳しいボールを投げ込んだ。最初の打席でも王に死球を与えていたため、さすがの王もマウンドにつめ寄って注意を促すと、バッキーは「捕手のサインどおり」と釈明。

王は納得したのだが、「巨人の至宝・王が傷つけられるのでは」という思いが巨人ベンチにはあった。王の育ての親でもある荒川博コーチを先頭に選手たちが突進していった。

もともと短気なバッキーは荒川の顔面にパンチ一閃《いっせん》し、流血する事態となった。結局、バッキーと荒川が退場処分となったが、バッキーは荒川を殴打したときに右手の親指を骨折していた。これでシーズンの残りゲームでの登板は絶望となった。

結果としてバッキーの投球は巨人ナインの怒りと闘志に火をつけた形となった。この試合は王がリリーフに立った権藤正利に死球を受けて退場するも、長嶋茂雄ら打線の奮起があって巨人が快勝。終わってみれば、巨人が阪神に5ゲーム差をつけて優勝している。

思わぬ形で巨人の敵役となったバッキーは翌年、近鉄に移籍した。阪神は若手左腕・江夏豊が台頭していたこともあり、契約しなかったのだ。近鉄では1勝もできず、その年かぎりで引退。オールスターに5回も選ばれるなどファンに愛された外国人右腕は、突如ダーティーなイメージで帰国。その後は教師や牧場経営などに携わった。

第三章 監督編

有藤通世
濃人 渉
金田正泰
落合博満
鈴木啓示
水原 茂
広岡達朗

森 祇晶
上田利治
山田久志
石毛宏典
伊原春樹
大久保博元
星野仙一

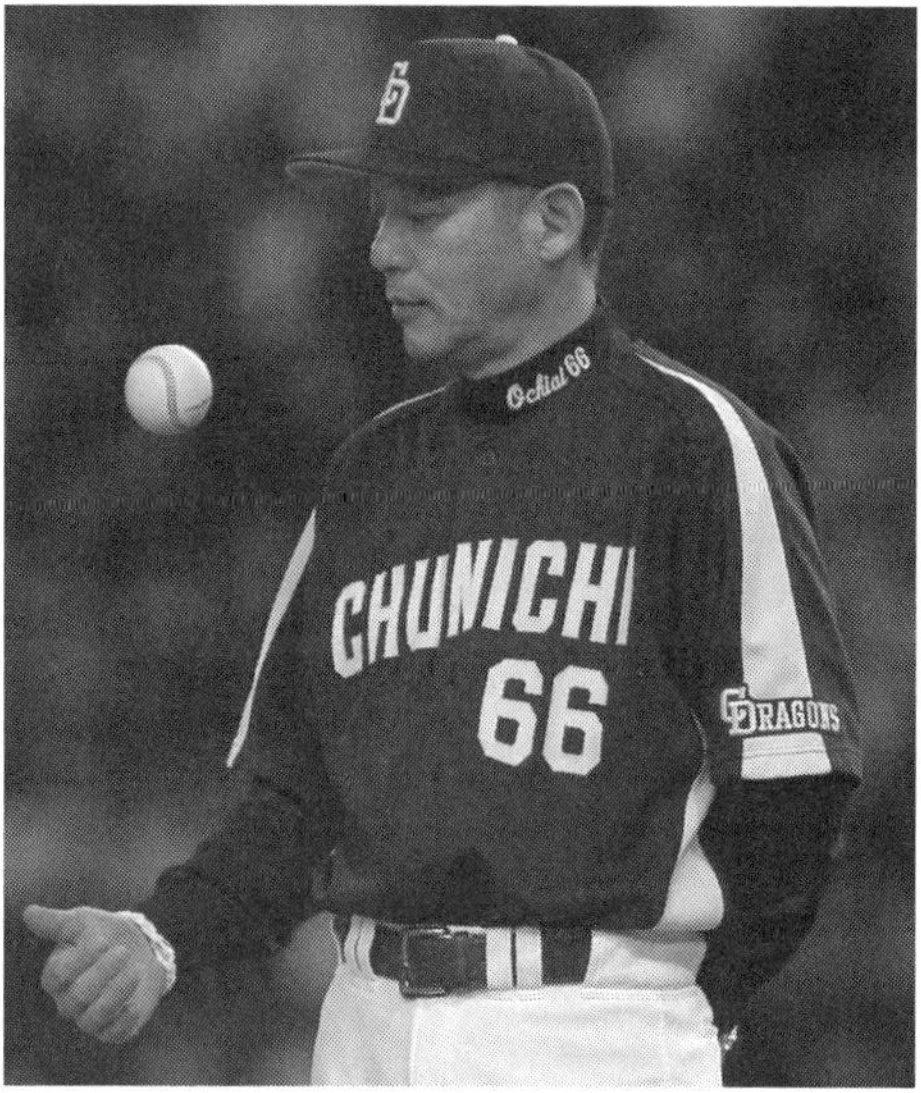

ビジネスライクな采配が賛否両論を巻き起こした中日・落合博満元監督
写真提供:時事通信社

有藤通世——国民的悪役となった「ミスターロッテ」

ありとう・みちよ——ロッテ監督。高知高時代に甲子園に2回出場。近畿大を経てロッテの前身の東京オリオンズに入団。不動の三塁手として1974年（昭和49年）の日本一に貢献。77年には首位打者を獲得。引退翌年の87年からは監督としてチームを指揮するも低迷が続き、わずか3年で辞任。

「名選手必ずしも名監督にあらず」

これはプロ野球界でよく使われるフレーズであり、巨人の第1次長嶋茂雄政権はその象徴のようにいわれた。そしてパ・リーグでは、長嶋と同じく三塁をロッテで守り抜いた有藤通世の名を挙げることができるだろう。

高知高、近畿大を経て1968年（昭和43年）のドラフト1位でロッテの前身の東京オリオンズに入団。1年目からレギュラー三塁手となり、走攻守そろった選手として新人王に輝いた。首位打者1回、ベストナイン10回、ダイヤモンドグラブ賞4回……と現役時代には華々しい活躍を続けた有藤である。その存在はまさに自他ともに認める「ミスター・ロッテ」であった。また当時はセ・リーグに比べると人気や認知度で劣っていたパ・リーグだったが、そんななかでは子どもにも知られているスター選手であり、間違いなくパ・リーグの顔といっていい存在のひとりだった。

85年に2000安打を達成した有藤は86年かぎりで現役を引退。翌87年からは40歳の青年監督としてロッテを率いることになった。体は現役時代そのままに引き締まっており、精悍《せいかん》な風貌どおりに厳しく後輩を鍛え、ロッテを常勝チームに育て上げることが期待された。スター監督としてチームを盛り上げれば、ロッテが全国区の人気球団になることも不可能ではないと思われていた。もちろん看板選手だったプライドもあったであろう。

しかし、監督就任間もなく有藤と犬猿の仲と噂《うわさ》された2年連続三冠王の落合博満が中日に移籍。打撃の主軸を欠いたチームはなかなか浮上せず、1年目は5位、2年目の88年はもうひとりの主砲であったレロン・リーも退団していたことなどが影響して最下位をひた走る結果となった。

名選手、名監督ならず……を地で行ってしまうと、精悍に映っていた風貌も、たんなる「強面」に見えるようになってしまう。そして何より低空飛行を続けるチームにロッテファンからも怒りが爆発していった。こうして、いつしか有藤監督には「悪党《ヒール》」のイメージが定着してしまった。

そんななかで迎えたのが「10・19」と呼ばれる近鉄との伝説のダブルヘッダーである。この年はパ・リーグ4連覇を狙う西武が順調にペナントレースを勝ち進んでいた。しかし、シーズン終盤になり、仰木彬監督率いる2位の近鉄が奇跡的な連勝街道を歩み、逆マジックを点灯させるなど西武に肉薄した。そして、すでに全日程を終えている西武に対し、10月19日のロッテとのダブルヘッダーに2連勝すれば大逆転優勝を手にするところまで来ていた。

この日、普段は閑古鳥が鳴いているロッテの本拠地である川崎球場には満員のファンがつめかけていた。川崎球場にライブでテレビカメラが入ってくることなどめったになかったのに、この試合はテレビで生中継されることになっていた。こうして、いつになく盛り上がりながら、全国のプロ野球ファンがパ・リーグの試合の勝負の行方を見守ることになったのだ。

第1試合を逆転勝利した近鉄は第2試合も8回表にラルフ・ブライアントのソロ本塁打で4対3と勝ち越していた。まるで誰かが演出でもしたかのように近鉄の悲願達成、奇跡の逆転優勝の実現が近づいたと思った矢先、エースの阿波野秀幸からロッテの高沢秀昭がソロ本塁打を放ち、4対4となった。

同点のまま迎えた9回裏ロッテの攻撃で〝事件〟が起こった。

無死一、二塁で阿波野が二塁に投げた牽制球《けんせいきゅう》が大きく浮き上がってしまった。それをジャンプしてキャッチした大石第二朗（現大二郎）が二塁ランナーと交錯し、アウトの判定が下された。これに激怒した有藤がベンチを飛び出して猛抗議を始めた。近鉄は延長戦に期待をかけているだけに、1イニングでも多くプレーできる時間を残したいところであった。そのためには、ここで抗議など迷惑以外の何ものでもなかった。そこで仰木監督がなだめに入るが、有藤は引き下がらず、抗議は約9分間続いた。

結局、判定は覆ることなく、試合は延長10回に突入。当時は4時間を超えると次の回に進めないという規定があったため、10回表を近鉄が無得点で終わった時点で残り時間は3分。ここで事実上、近鉄の優勝は消滅した。近鉄ナインは失望の表情で10回裏の守備につくことになった。ロッテの攻撃を無得点で抑えたものの、第2試合は4対4の引き分けで終了した。

判官《ほうがん》びいきが強い日本では、数多くの人が奇跡の大逆転優勝をあと一歩で逃した近鉄ナインを「悲劇のヒーロー」に持ち上げた。逆に長い抗議をして11回表の攻撃を実現させなかった有藤を最大の悪党《ヒール》として「西武の味方をした」などと非難した。いまでも「あの抗議がなかったら……」と振り返られることが多い、有藤にとっては不名誉なシーンとなっている。

しかし、有藤には近鉄の優勝を邪魔するような意識はなかったようだ。後年のテレビ番組でも語っていた。

「実際はアウトだと思ったが、選手が助けを求めているのだから、監督が行ってやらないわけにはいかなかった……」

その苦しい心情を語っている。

ともあれ悪党《ヒール》のイメージが定着してしまったことだけは否定できなかった。結局、有藤ロッテは翌89年も最下位の屈辱を味わうことになった。こうして、わずか3年でチーム生え抜きのスター選手だった指揮官はその座を降り、悪党《ヒール》のイメージだけが残ってしまった。

濃人 渉――「権藤、権藤、雨、権藤」でエースを破壊

のうにん・わたる――中日監督→東京・ロッテ監督。広陵、広島専売局を経て、1936年（昭和11年）に金鯱《きんこ》に入団。球団名変更などを経て、戦争による中断を迎える。国民リーグで復活後、48年に金星へ。引退後は日鉄二瀬《ふたせ》監督を経て中日でコーチ、監督。東京およびロッテでも監督を務める。

広島市出身で、名門の広陵を経て当時の有力実業団チーム広島専売局で野球を続けていた濃人渉。広陵では1932年（昭和7年）春に甲子園に出場しているが、目立った活躍はなかった。戦後は社会人の鯉城園《りじょうえん》から国民リーグに参加。その後にロッテの前身のひとつである金星スターズに入団して、そこで現役引退した。

当時はプロとアマの線引きがそれほどない時代であり、すぐに福岡県の社会人野球の強豪・日鉄二瀬の監督に就任。そこで江藤慎一や古葉毅《たけし》（現竹識《たけし》）らを育て、58年には都市対抗でチームを準優勝に導いたこともあり、その手腕が評価されて2リーグ制が定着してきたプロの世界から再び声がかかった。

60年に愛弟子《まなでし》の江藤が入団していた中日のコーチ兼二軍監督を務めた。そして翌年からは一軍監督に就任することになった。中日を球団創設以来初の優勝に導いた原動

力のエースだった杉下茂が33歳で一度引退すると、59年に即監督に就任したが、翌年の後半戦で失速して2リーグ制となって初めてのBクラスに転落し、2年で退陣を迫られた。

代わって就任したのがコーチという立場で二軍監督も務めていた濃人だった。期待の主砲である江藤の恩師ということでも期待が高まった。折しも中日はその年に株式会社中部日本野球協会から株式会社中日ドラゴンズに変わった年でもあった。

その新体制で、かつての天知《あまち》俊一の流れに沿った体制から思い切った人事をということになった。濃人体制になって、まずヘッドコーチに濃人の師匠的立場である石本秀一が就任。それとともに、伊奈努、大矢根博臣《ひろおみ》、岡嶋博治といった生え抜きの看板選手を放出した。これは結果的には「天知カラー」の一掃ということになった。

いうなれば、中日では外様《とざま》的な存在となる濃人である。なんとか自分色のチームにしたいという思いも強くあったはずだ。これは一般の会社でも同じことで、新しく部長なり社長なりに就任した人間は旧体制から何かを変えるべく動こうとするものだ。その最もわかりやすいのが人事である。よく社会では「人事は最大の経営である」といわれるけれども、それはプロ野球の世界でもまったく同じなのである。

ましてやプロ野球は個人事業主の集まりともいわれている世界だ。みんな「オレがオレが」というタイプである。だから前任の上司（監督やヘッドコーチ）の体制で活躍できて重宝がられていた者は、当然そのままの形を維持したいと思うものだ。しかし、その頭が変わり、自分の役割に変化を求められてくると、窮屈さを感じる。

一方、新たに上に立つ立場になったほうとしても、何ができるのだろうかと試しつつも、自分の思惑と違ってくると、「な～んだ」ということになってしまう。そうした要因もあって、新監督が就任して大幅なトレードが行われるケースが少なくはない。この年の中日も、まさにそんな状況だったのだ。しかもシーズンの成績も2リーグとなって初めての5位に沈んでいた。

濃人新体制は比較的やりやすい体制でスタートした。そんななかで新戦力として圧倒的な結果を残してくれる投手が現れた。それが社会人野球のブリヂストンから入団した権藤博だった。鳥栖《とす》高3年で内野手から投手になったということもあって、肩の消耗が少なく、伸びしろも大きかった。その権藤が濃人中日の救世主となっていくのだ。まずオープン戦で10試合28回3分の1を投げて自責点はわずかに1。この実績で開幕2戦目の巨人戦に先発。1点に抑えて完投し、初勝利を挙げる。これで濃人は権藤を100パーセント信頼することになる。早くもエースとしてローテーションの軸となっていった。

いや、軸どころではなかった。4月は4勝2敗、5月は7勝2敗という数字。しかも先発だけではなく、行けるときはどんどん投入していった。なんと7月20日の段階でセ・リーグ一番乗りとなる20勝をマークしている。しかもチームも好調で、巨人と首位争いを続ける。優勝して手腕を評価されたい濃人は、ここぞとばかりに権藤を起用しまくった。周囲からは中日の投手起用を「権藤、権藤、雨、権藤」というようになった。なんといわれようと、濃人監督も結果を残したいので権藤を起用しまくった。権藤も投げまくって、8月はなんと8勝3敗という驚異的な数字を残した。そしてチームは月末には首位に立った。

しかし、肝心の終盤戦でさすがの権藤も力尽きた。疲労も蓄積していた。結局、中日は勝ち数では上回りながらも勝率で巨人に劣り、2位となった。それでも権藤は新人王はもちろん35勝で最多勝、沢村賞などを獲得した。

手ごたえを感じた濃人は翌年、さらにトレードを断行した。主砲の森徹や児玉泰、吉沢岳男のバッテリーなど濃人体制に反発する選手は放出。シーズン途中には元メジャーリーガーとの振れ込みのラリー・ドビー、ドン・ニューカムなども獲得。相変わらず権藤の登板過多は続いていたが、この年も30勝を記録。移籍2年目の柿本実も20勝をマーク。この二人でチーム70勝のうちの7割以上を挙げたことになった。

しかし、ファンは生え抜き選手の大量放出に不満を抱き始めた。「ドラゴンズは名古屋のチームだで、名古屋で応援されて意義があるんだわ」。そんな声も漏れ聞こえ出した。

もちろん球団もそんな声に反応した。権藤や江藤が育ったことは喜んだものの、なんとなくチームが地元からは愛され切っていないということを感じ取っていた。結局、その要因は濃人監督のワンパターン采配や地元を無視した補強にあるだろうという判断となった。濃人にもどこかに疎外感があったのだろう。あっさり2年で監督の座を降りた。

結果的には権藤も消耗品のように使われて、3年目の10勝以降は酷使がたたって球威が衰えた。濃人はAクラス2度にもかかわらず、権藤を壊した監督として、その印象は中日ファンの間では完全な悪党《ヒール》としてしか残らなかった。

金田正泰――選手に2回も殴られたパワハラ大魔王

かねだ・まさやす――大阪・阪神監督。平安（現龍谷大平安）から１９４２年（昭和17年）に大阪タイガースに入団し、戦争での中断を挟んで15年在籍。46年には首位打者を獲得。ベストナインにも3回選出された。60年から2年間と、72年途中から3年間、大阪および阪神の監督を務める。

昭和40年代のプロ野球は巨人のＶ９の時代でもあり、それをどこが止めるのかということが巨人以外のプロ野球ファンすべての注目事でもあった。強すぎる巨人に対して「アンチ巨人」という言葉が誕生したのも、ちょうどこの時期だった。だから巨人の優勝を阻止してくれるチームが出てきたら、別にそのチームのファンではなくても応援してしまうという野球ファンも多く存在するようになっていた。

とはいえ、「打倒巨人」の旗頭は、やはり戦前からのライバルでもある阪神だった。また事実、１９６５年（昭和40年）から巨人がＶ９を始める前の年の優勝は阪神だった。さらに巨人がＶ９を続けている間、阪神は71年の5位を除くと、すべてＡクラスをキープしていた。そして72年に村山実兼任監督が開幕8試合で指揮権を返上して投手に専念することを受けての代行から、翌年にそのまま監督に就任したのが金田正泰だった。

現役時代の金田は決して派手な選手ではなかったが、シュアな打撃が光る一番打者で、いぶし銀のような存在だった。玄人受けするタイプで、目の肥えたファンからの支持は厚かった。60年から61年途中まで監督を務めており、2度目の監督就任だったが、ヘッドコーチとして村山兼任監督のスタッフに入っていた金田は、村山の監督退任を陰で画策していたと噂されるなど、往年の阪神ダイナマイト打線の一員としては人間的な豪快さがないともいわれていた。

しかし、いずれにしても4月早々に事実上の監督交代劇となった金田阪神だったが、チーム力は巨人に次ぐだけのものがあり、いうなれば番付どおりの2位でシーズンを終えた。最終的には3・5ゲーム差がついたが、7月ごろまでは1位が入れ替わっていたこともあったくらいだった。前年の村山阪神が5位に沈んでいたことを思えば上々のシーズンといえなくもなかった。

とはいえアンチ巨人ファンには、いい加減、巨人の連続優勝を止めてくれというストレスがたまってきていた。それを止めてこそライバル阪神の存在ではないか。そんな思いもより強くなっていった。

そして迎えた73年。巨人は主力の高齢化もあって、かつての勢いが衰えかかってきているのは目に見えていた。4月に首位を滑り落ちると、下降した巨人は8月半ばまで首位の座に立つことがなかった。代わって阪神がペナントレースをリードしていった。

しかし、阪神は一枚岩でチームのまとまりがいいというわけではなかった。というのも、この年のオープン戦前の練習で金田が外野の守備に参加していた投手の鈴木皖《きよ》武《たけ》に、「お前、守っとる横にボールがあったのに、なんで拾わんのじゃ」とファンの前で怒鳴ったことから、監督と選手の信頼関係がゆるみかかってきていたのだ。その後も金田は選手に対してミーティングなどでの個人攻撃が多かった。

選手たちには、先の鈴木の件のように、人前で平然と名指しでおとしめられることに怒りを隠せない者もいた。そして自身の起用法に対して不満が積もっていた鈴木は、優勝争いをしている最中の8月に、遠征先の名古屋で怒りを爆発させて金田に不満を並べたあげく、灰皿を投げつけて殴りかかるなどの騒ぎを起こした。

前年の村山の引退後は阪神のエースとなっていた江夏豊との確執も再三メディアで報じられていた。それでも優勝争いをしていたのだから、チームとしては非常に戦力は充実していたということであろう。

そうなれば求められるのは監督の手腕なのだろうが、およそチームワークとは縁遠かったのもまた、その年の阪神だったのだ。金田自身は選手のことを慮《おもんぱか》るというよりは、思ったことをすぐに口に出して相手の心証を害していたことが多かった。それでも、その言葉で選手が奮起するという類いのものではなく、ベテラン投手の権藤正利がくつろいでタバコを吸っていたら、「サルでもタバコを吸うんか」というようなことを平気で口にして、それがのちの殴打事件につながっていくことになるのだった。

それでも、この年の阪神は10月に首位に立ち、あとひとつ勝てば優勝というところまで来ていた。しかし、10月21日の中日戦では星野仙一をリードした木俣達彦が「今日はほとんどストレートしか投げさせていない」というにもかかわらず阪神打線は沈黙してしまっていた。さらに、この年22勝をマークした上田二朗ではなく、中日に相性が悪かった江夏豊が先発したことで相手打線に捕まってしまった。

そして翌日の甲子園、巨人との世紀の一戦に勝てば優勝ということになるはずだったが、先発の上田がいきなり捕まって2失点。権藤、古沢憲司らも巨人打線を抑え切れず、0対9の大敗。試合終了後は阪神ファンが暴徒と化して荒れ狂い、甲子園のグラウンドに降りてきて巨人ベンチを襲撃した。もちろん、巨人の胴上げは中止された。騒動を鎮めるために金田が「期待に応えられず、すいませんでした」と陳謝してなんとか収まった。

しかし、その1カ月後のファン感謝デーでは、退団を決めていた権藤が、以前にサル呼ばわりされたことを根に持って金田に謝罪を求めたが、それを聞き入れてもらえないと殴りかかった。21年間のプロ生活で通算117勝を記録していたベテラン投手である。積もり積もったものがはじけて、最後の最後になって堪忍袋の緒が切れたということだろう。やがて権藤は暴力を振るったことをわびるのだが、こうした暴行になったというのには、それまでの伏線があったのだ。

それでも金田は翌年も指揮を執り、中日がついに巨人の10連覇を阻止して20年ぶりの優勝に沸き立つなか、戦力充実のはずの阪神は4位に転落。エース江夏と監督の確執ばかりがスポーツ紙を賑わせていた。そして金田はその年に監督を退くと、野球界そのものから身を引いた形になった。

落合博満──実績を残しても嫌われる「悪党《ヒール》」の代表格

おちあい・ひろみつ──中日監督。秋田工、東洋大（中退）、東芝府中を経てロッテにドラフト３位で入団。28歳で史上最年少の三冠王を獲得。１９８５年（昭和60年）、86年も連続三冠王。その後、１対４の大型トレードで中日に移籍し、７年後には初のＦＡ権行使で巨人に入団。日本ハムで引退。

中日ファンには大きく分けて「落合派」といわれる人たちと「反落合派」といわれる人たちの2種類が存在する。そして、それはそのまま中日球団の内部にも表れている。

これは中日という球団のあり方から見つめてみると、なんとなくわかるような気がするのだ。というのは、プロ野球創成期からの老舗のひとつともいえる中日は、1936年（昭和11年）12月に、中日新聞の前身である新愛知新聞を親会社として発足した名古屋軍が母体となったものだ。東京巨人軍、大阪タイガースに続く3番目の球団として設立されている。もともとは中等学校野球がさかんな土地柄で、折しも中京商（現中京大中京）が夏の甲子園で3連覇を果たし、東邦商（現東邦）や愛知商も春のセンバツで全国優勝を果たした時期である。

こういう経緯からしても、まずは地元・名古屋に根を張ることを主眼としたものだった。球団結成の趣旨は、「名古屋軍は名古屋の球団であり、市民のチームである。新聞社は市民に代わってそのお世話をするだけ」ということを掲げていた。この基本的な考え方は、チーム名が中日ドラゴンズとなり、80年近い歳月を経たいまでも変わっていない。だから中日球団の地元に根を張ってプロ野球を育成し、発展させていこうという意識は現在も変わっていないのだ。

そんな球団だから、基本姿勢としては生え抜き優先主義である。歴代監督を見ても、ほとんど中日での実績なり人気をベースに就任してきた。

落合博満は、パ・リーグで3年連続の三冠王の実績を引っさげて87年に中日に移籍してきた。そして88年の優勝に貢献し、立派に中日に根づいている存在である。しかし、落合に関しては、支持か不支持かでその人物の立ち位置が分かれるところに、その存在の大きさがある。

というのも、反落合派の意見のひとつとしては、93年シーズンの終了後にFA権を行使して、あろうことか中日にとっては最大のライバルであり、最も忌み嫌う巨人に移籍したことである。しかも、それ以前にも91年には日本人で初めてコミッショナーの年俸調停を受けている。そういう背景もあって、「ゴネて自分の言い分だけを主張しとるヤツ」という印象を少なからず持っている人も少なくない。

さらには、その移籍先の巨人と94年シーズンに最終戦で勝ったほうが優勝という天下分け目の一戦を戦うことになった。俗にいう「10・8決戦」となったのだが、その試合でも落合が先制の本塁打を放って中日の気勢をそいだ。結局、それが効いて中日は終始劣勢で戦い、優勝を逃すのである。

これによってファンの間では、7年間も中日のユニフォームを着て優勝に貢献した落合は、あっという間に悪党的《ヒール》な存在となってしまったのだ。「FAでの移籍先が、よりによって巨人かよ」というだけではなく、「最後の最後に中日の優勝をなしにした存在」という印象も大きい。しかも落合が例によって淡々と自分の仕事だけをこなしたのだという態度をあからさまに示したことにも、中日ファンはカチンときていたに違いない。

こうして瞬く間に中日ファンにとって悪党的《ヒール》存在になった落合である。だから誰もがまさか監督に就任するなどとは思ってもみなかったはずだ。それはファンだけではなくフロント陣もそうだった。

ところが03年オフに山田久志監督の後任に予定していた高木守道監督が発表寸前になって諸事情で頓挫したことで球団は慌てた。慌てたというよりは、困り果てた。そこで白井文吾オーナーが後任が決まるまでの腰かけでもいいから落合監督でどうかということを提案したときに、誰もが「そんな案もあったか」みたいな感じになってしまったのだが、そのまま窮余の一策として落合監督の就任が決定した。

その落合中日は1年目から結果を残して、誰もが期待していなかった分だけ、優勝という結果には驚くとともに喜んだ。しかし、その代償として落合にコーチングスタッフなど首脳陣の人事を含めた全権委任ということになった。これが、その後の中日球団のなかで落合派と反落合派を生む最大の要素となっていくのだ。

生え抜き選手に対して温かい中日は、引退後もそれなりのポストを約束している場合が多い。しかし、落合に全権が委ねられるようになると、そうした約束事は反故《ほご》にされていき、森繁和ヘッドコーチ（現監督）をはじめ落合関係スタッフが首脳陣として幅を利かせるようになっていく。こうして徐々に落合色と反落合色とに分けられていく現象が起きてきた。落合の就任時にユニフォームのドラゴンズ伝統の筆記体のロゴがゴシック体に変更されたことも、そんな背景をイメージさせた。

それでも、つねに上位争いをしていくことで、勝たせてくれる監督として落合への信仰は厚くなった。ところがその一方で、監督としてのリップサービスはどんどん減少していった。記者が確認のために質問しても、「そんなことも知らないの？」みたいな態度をあからさまに示されて閉口する担当記者もいた。メディアが親会社の中日である。「監督ももっとファンサービスをしてほしい」という球団の意向は本音だった。ところが落合監督は「勝つことが最大のファンサービス」といってはばからなかった。

球団の意向に反発するかのように、シーズン終了後のファン感謝デーにも姿を現さないこともあった。こうしたことが、ますます落合派と反落合派を明らかに色分けしていくことになった。そして球団としては、「契約切れ」を理由として8年間で優勝4度、日本一1回の監督の解任を決めた。一度もBクラスに転落したことがない、実績としては文句なしの監督だったが、球団は寄り切った。

ところが、その3年後に落合派の白井オーナーの要望でGMとして戻ってきた。しかし、不協和音も多く、長くは続かなかった。

鈴木啓示——監督の座だけは投げてしまった「完投王」

すずき・けいし——近鉄監督。育英から1965年（昭和40年）のドラフト2位で近鉄に入団。1年目に10勝を挙げ、以後15年連続で2桁勝利を続けて不動のエースとなる。84年に300勝を達成。「草魂」と呼ばれたが、監督としては結果を残せず、3年目途中で辞任。

「草魂」という言葉がある。国語辞典には載っていないが、「雑草のようなたくましい精神力を持った人のこと」という意味の造語といえる。その造語をつくったといわれるのが鈴木啓示である。いうなれば鈴木の存在によって広まった言葉といっていいであろう。

プロ入り1年目の1966年（昭和41年）から15年連続2桁勝利、しかも2年目からは5年連続で20勝以上を挙げるなど、当時パ・リーグの弱小チームであった近鉄で獅子奮迅《ししふんじん》の活躍を見せ、リーグを代表する投手となった。

左腕から繰り出される美しい投球フォーム、強気のストレート真っ向勝負、そして何より「投手は先発完投」にこだわった。鈴木は自分が投げる試合にほかの投手に救援されることを嫌った。先発マウンドに立って9回まで投げ続け、勝利投手となって監督と握手を交わすことを投手最大の幸せだと考えていた。

パ・リーグは鈴木がプロ生活10年目となった1975年（昭和50年）から指名打者制を導入している。そのため投手が打席に立つことがなくなったので、チャンスに代打を出される心配がなくなったことも大きかった。だから鈴木はほとんどの試合で完投した。少々負けている試合でも、いつか味方が逆転してくれることを信じて最後まで投げた。彼が投げる試合は「勝っても負けても、鈴木と心中」のような雰囲気が自然にできあがっていた。

また、当時はエース級の投手が頻繁にリリーフ登板していたものだが、鈴木は「先発完投」以外の仕事はやりたがらなかった。あくまでも自分の哲学を押しとおし、それでいて役割はきちんと果たし、79、80年の連続リーグ制覇に貢献した。

そんな鈴木だが、16年目の81年シーズンには投げても早々にKO負けを喫する大スランプに陥ってしまう。すでにこの時点で通算250勝を達成していた彼は引退を決意した。しかし、当時の監督であった西本幸雄に「スズよ、つらいほうの道を選べ。楽な道はいつでも選べるぞ」といわれ、弱気になっていた自分を恥じた。

そして限界まで投げ続けることを決意して見事に復活。84年にプロ野球史上6人目となる通算300勝を達成した。ちなみに鈴木以降、300勝投手は現れていない。

年齢とともに故障が続き、ケガをした箇所を治療しながらマウンドに上がり続ける姿は多くの人々に感動を与えた。公共広告機構（現ACジャパン）の青少年健全育成キャンペーンにも起用された。鈴木がテレビやラジオから「中高生諸君、雑草になろうやないか。一度や二度の失敗で人間、投げたらアカンのやで」と語りかけるCMは大きな話題となり、座右の銘である「草魂」は一気に全国区の流行語となった。

85年シーズン途中に引退を表明した鈴木は通算317勝という金字塔を背負ってマウンドを降りた。背番号「1」はパ・リーグでは初の永久欠番となり、04年に近鉄球団が消滅するまで続いた。

解説者生活を経験した鈴木は93年から監督として再び近鉄のユニフォームに袖をとおすことになる。このとき近鉄は仰木彬前監督の〝マジック〟と称された手腕が功を奏し、88年から強豪・西武とつねに優勝争いを繰り広げていた。89年には奇跡の大逆転優勝、90年には規格外の新人投手・野茂英雄が登場して日本を代表するエースに成長していた。球団史上最大のスターである鈴木の監督就任は、近鉄がさらなる黄金期を迎えることを期待させた。

しかし、1年目は4位、2年目は2位に浮上したが、3年目となる95年は最下位と、チームは急速に仰木監督時代の勢いを失ってしまった。結果が出ないと、やはりファンは監督批判を始めてしまう。成績が上がらない要因はいろいろ考えられるが、やはり鈴木の野球哲学が時代遅れだったと指摘する向きは多い。折しも野球に対しての取り組み方そのものが大きく変わろうとしていた時代でもあったのだ。

ことに監督として鈴木の最大の失敗といわれるのが、野茂との確執である。

野茂はデビュー時から代名詞の「トルネード投法」とスロー調整を守って活躍を続けてきた。いうなればマイペース型であった。それで実績を上げられるのであればそれでもOKと、比較的フレックスな考え方の仰木はそんな野茂の調整を認めていた。ところが古風で頑ななところがある鈴木は、そんな野茂のやり方をよしとしなかったのだ。

鈴木は「野茂は四球が多すぎる」「走り込みが足らんからや」などと口にすることが多かった。そして調整方法だけでなくフォームの改善などを要求した。さらには野茂が信頼していた立花龍司コンディショニングコーチの科学的手法にも異を唱え、立花を球団から追い払ってしまった。

このような事情から鈴木と野茂の関係はますます悪化していった。寡黙だが自分の意思が強固な野茂は94年シーズン終了後、契約交渉で球団と揉めたことを理由にして、なんと近鉄を退団することになった。そしてフリーの身となって95年にメジャーに挑戦し、ドジャースなどで大活躍したことは、あらためて説明するまでもない。

「草魂」、そして「投手は先発完投」が哲学の鈴木にとって、分業制や科学的手法が広まりつつあるプロ野球は好きになれなかった。その象徴的な存在が野茂だったとも考えられる。しかし、人気者のエースを追い出した形になった鈴木は、近鉄ファンから悪党《ヒール》として見られるようになってしまった。

チーム成績がなかなか上がっていかなかったということもあって、95年シーズン途中で辞任した。

現役時代もシーズン途中の引退だったために、「また投げてしまった」と、かつての名CMを持ち出されて揶揄《やゆ》されたのは不幸だった。

水原　茂――巨人での栄光を捨てて手にした名将の称号

みずはら・しげる――巨人監督→東映監督→中日監督。高松商、慶應大、奉天実業団、巨人を経て、巨人、東映、中日で監督を務める。プロ野球草創期からのスーパースターとして活躍し、シベリア抑留から帰国後は監督として巨人の第２期黄金時代を築き上げた。

天下の早慶戦で活躍するなど大学球界きってのスタープレーヤーとして活躍。いまでいうイケメンで慶應ボーイらしいスマートさとダンディズムにあふれたスタイルを誇り、時の人気女優と浮き名を流したほか、当時としてはめずらしく女性ファンが多かった。

第二次世界大戦に応召後はソ連に抑留され、シベリアで強制労働につかされるという悲劇性、そして１９４９年（昭和24年）の帰国後、後楽園球場で「水原茂、ただいま帰ってまいりました」の挨拶を行ったことは、戦争の記憶が色濃かった時代に多くの人々の涙を誘った。

長年の抑留生活で体はボロボロになり、年齢的にも40歳を過ぎていたため、主力選手としての活躍は望むべくもなかった。そこにもまたファンはシンパシーを感じることになる。どう考えても悪党《ヒール》の要素はかけらも見られない。

そんな典型的なベビーフェイスである水原が悪党役《ヒール》を演じさせられることになるのは、高松商出身の水原に対し、ライバルの旧制高松中（現高松高）の出身で、大学時代は早慶に分かれてしのぎを削ったライバル三原脩の存在が大きかった。

水原が帰国した当時、巨人軍の監督を務めていたのが三原だった。冷徹な采配によって主力から反感を買っていたこと、また水原を選手として起用しなかったことで、功労者への処遇としてはあまりにも冷たいということで、選手から三原排斥運動が巻き起こった。

つねに優勝という結果を要求される巨人軍監督という職責にあって、プレーヤーとしては万全の状態でなかった水原を使うことは考えられなかったが、人気、実績ともにチーム内での水原の存在はあまりにも大きすぎた。

この結果、球団は水原を監督に据え、三原は総監督として事実上の無役とした。こうしてセ・パの2リーグに分裂した50年からは、水原が指揮官として手腕を振るうことになったのである。

三原は前年にリーグ優勝を果たしながら事実上の解任となり、給料は出るものの、何もすることがないという、男としては屈辱的な日々に追いやられることとなる。無聊《ぶりょう》を託《かこ》つ日々を送っていた三原は西鉄の監督に招聘され、51年に福岡の地に渡った。傍《はた》から見れば東京の名門球団から九州の新興球団への移籍は都落ちに見えなくもない。

しかも水原は三原がつくりあげた強大な戦力を誇るチームを率いて51年から3年連続で日本一に輝いている。

圧倒的な力を誇る王者と地方のローカル球団。この時点で、どちらが悪党《ヒール》と呼ぶにふさわしいかは一目瞭然である。水原本人には三原を追放する意図もなければ監督の座を強奪したつもりもないだろうが、結果として周囲の関係者のなかにはそのように捉えた向きも少なくなかったはずだ。

打倒巨人に執念を燃やす三原は、中西太、稲尾和久、豊田泰光らみずから育て上げた新進気鋭の若手たちの台頭もあり、就任4年目の54年には初のリーグ優勝を果たした。そして56年からは3年連続で水原巨人と日本一の座をかけて激突することになる。

長年にわたる好敵手が日本一を決する場で相まみえることになり、マスメディアは〝巌流島《がんりゅうじま》の対決〟とさかんに煽った。

結果は56年が4勝2敗、57年が4勝0敗1引き分け、58年が4勝3敗と、いずれも西鉄の勝利に終わった。若手中心のチームは相手が名門・巨人であっても、大舞台でも、臆することなく普段どおりのプレーを見せた。水原の完敗であった。

水原の胸中はいかなるものだったであろうかは想像にかたくない。チームは翌年もリーグ優勝を果たすが、今度は日本シリーズで一度も負けたことがなかった南海にストレートで敗れることになる。

そして60年になると、三原が6年連続最下位継続中と弱小中の弱小チームであった大洋の監督に就任する。終生のライバルは初めて同じリーグで顔を合わせることになった。

三原はいわゆる〝魔術〟によって大した実績のない二流選手を巧みに操り、快進撃を続ける。そしてチームを初のリーグ優勝へと導いたのだ。水原は4たび三原の前に苦汁をなめさせられる。シーズン終盤には試合後に執拗《しつよう》にカメラを向ける記者を殴りつけるという醜態をさらした。

4年連続で日本一を逸し、リーグ優勝すら果たせなかった水原を巨人は必要としなかった。オフには事実上の解任の憂き目となり、「グラウンドの恥はグラウンドでそそぐ」の言葉を残して愛着のある巨人を去った。

水原が屈辱を果たすためには、三原のように巨人以外のチームに移り、選手を育てて優勝に導く以外にはなかった。翌年、水原はこれまたパ・リーグで下位に沈むことが多かった東映の監督に就任。

プロ野球人生で初めて巨人以外のユニフォームに袖をとおした水原は必死で弱小チームの強化に努めた。そして2年目の62年にリーグ優勝、さらに自身としては7年ぶりに日本一に輝いた。在任中の6年間はすべてAクラスを守り、69年に中日の監督に招聘される。優勝こそ手が届かなかったが、打者では谷沢健一、島谷金二、大島康徳、投手では星野仙一、松本幸行《ゆきつら》ら若手を育て、71年にはチームとしては4年ぶりのAクラス入りを果たす。水原が育てた若手は74年のリーグ優勝に大いに貢献し、厳しい采配ながら多くの選手たちの尊敬を集めるにいたった。

もし巨人の監督のままプロ野球人生を送っていたら、いまでも三原が育てた強大戦力で優勝を果たしただけで、最後は返り討ちにあった、たんなる悪党《ヒール》というイメージで終わっていたかもしれない。三原と同様、過去の栄光をかなぐり捨てる勇気があったからこそ、いまも名将として語り継がれる存在でいられるのである。

広岡達朗——「海軍式野球」で総スカンを食らった賢将

ひろおか・たつろう——ヤクルト監督→西武監督。呉三津田《くれみつた》、早稲田大を経て、１９５４年（昭和29年）に巨人に入団。引退後は広島コーチを経て74年にヤクルトコーチ、さらに76年途中から監督に就任し、78年に優勝。82年には西武の監督に就任して管理野球を徹底させ、4年間で3度優勝するも不人気だった。

プロ野球が最も隆盛をきわめていた昭和30〜40年代。その時代に球界をリードしていたのが巨人であることは万人が認めるところである。その看板選手としてＯＮこと王貞治と長嶋茂雄がいたのだ。この二人が輝いているかぎり、ほかの選手はどんなに輝こうとしても脇役でしかなかった。野球を知っているということでは、玄人筋からは人気があった広岡達朗も、長嶋と三遊間を組んでいる以上、守り立て役でしかなかったのだ。

だから引退後は首脳陣として巨人に残らなかった。むしろ解説者として外から野球を語ることで、その存在をあらためて評価されるようになった。そんな広岡の野球頭脳は広島、ヤクルトのコーチとして冴えを見せた。そして１９７６年（昭和51年）６月に荒川博のあとを受けて監督に就任。その3年目に、ヤクルトに球団史上初の優勝をもたらした。３連覇を狙っていた長嶋巨人を下しての優勝というところが広岡の面目躍如だった。

この優勝で広岡が提唱した管理野球が大きくクローズアップされた。自身も『私の海軍式野球』（サンケイ出版）という著書を出したくらいである。じつは広岡の父親は旧日本海軍の少佐で、駆逐艦の機関長まで務めた人物であった。生まれ育った呉の街は海軍兵学校があった江田島に近いところである。幼少時から教育によって海軍的な要素が育つ環境にあった。また、自分自身も戦争が長引いていれば海軍を志願していたであろうということを述べていたこともあるくらいである。

当然、そんな管理世界に身を投じることをいとわない教育を受けてきているのだ。その一方で広岡が早稲田大からプロ入りした当初は、まだ職業野球という意識の強い時代で、選手たちも試合が終われば花札や麻雀にうつつを抜かすという時代だった。そういうなかで、川上哲治や与那嶺要は試合後も自分の打撃フォームをチェックし、食事を管理していた。それを見て、広岡もプロ選手とはこうあるべきだと自己管理と食事管理を徹底していくという意識が養われた。

そんな管理野球体制を、82年に西武の監督を引き受けてからさらに強化していったのだ。というのも、当時の西武はライオンズを買収して3年目。チームは6位、4位、4位と下位を低迷していた。それにチーム内には、かつての福岡の西鉄時代の余韻を引きずった野武士気質も残っていた。いうなれば広岡が求めていた野球とは対極にある集団だったのだ。

その体質改善を早急にしたかった広岡は、キャンプからそれを徹底していった。その最大のターゲットとなったのが、かつてのミスター・タイガースで79年にクラウンライターが西武になると同時に移籍してきていた田淵幸一だった。精悍だったはずの田淵が、いつしか「タブタ」とまで揶揄されるくらいに肥えて動きも鈍くなってしまっていた。その要因は食事と練習不足にあると広岡は判断した。

こうして徹底して食事を含めた生活管理だけでなく、つねにプロ野球選手としての「品格」を求める言動も多くなった。そうした広岡と田淵の関係をメインにしておもしろおかしく表現されたのが、いしいひさいちのマンガ『がんばれ!!タブチくん!!』(双葉社)だった。ここに登場するヒロオカ監督は当然、広岡をイメージしたものなのだが、その冷徹さが一気に現実の広岡を悪党《ヒール》のイメージに導いていったのである。

そして多くのファンのなかで広岡の管理野球とマンガのヒロオカ監督のイメージが

重なっていった。マンガがヒットすればするほど広岡の悪党《ヒール》としてのイメージも固まっていったのである。

ただ現実の広岡野球は、いうなれば自身も認めている海軍式野球が功を奏して在任4年間で3度の優勝に導いている。しかも82、83年は連続日本一にも輝くのだ。とくに83年は日本シリーズでかつてのチームメートであった藤田元司率いる巨人に2勝3敗から逆転しての日本一だった。

江川卓と西本聖という安定感抜群のエースが二人いて、戦力的には充実し切っている巨人である。その相手をどう倒すのかということを徹底的に研究した広岡だったが、なんとか五分に並んだ時点で、「巨人は勝ちたい一心で、順番もへったくれもなく投手をつぎ込んできて負けているんだから、あっち（巨人）のほうがダメージが大きいんだ」と選手を暗示にかけた。そして西武は先行されたものの、最終的には思惑どおりに西本を攻略して、逆転で悲願の「巨人を倒しての日本一」を実現した。

ヤクルト監督時代から「打倒巨人」を掲げて、それを執念で実現していった広岡である。「巨人はチャンピオンにならないと許してもらえないチームなのだから、戦う以上はそれを倒しに行くのが当たり前だ」という意識だったのだろう。その執念というか思いが強く表に出てくることで巨人ファンから悪党《ヒール》として見られるようになっていったのだ。

　こうして広岡はマンガという表現のなかで自分の要素の一部がデフォルメされていくことで大衆への悪党《ヒール》像をつくられ、出身母体である巨人を倒していくことで、そのファンから悪党《ヒール》とされていったのだ。

　厳しい管理野球は選手たちにうとまれていた。選手たちがバスで移動中に「広岡監督解任」の報が流れてくると、思わず拍手が上がったというくらいだ。勝てるチームだったが、それなりに窮屈だったのかもしれない。

　しかし、そんな悪党《ヒール》役だったからこそ、監督を退いたあとの解説者としての広岡のコメントは辛口で、聞いている者には痛快感すら与えてくれるものとなったのである。

　そして対談番組や雑誌の企画などでの発言を見ても、じつは饒舌《じょうぜつ》であり、つねに「野球とはこういうものなのだ」という理論に則った発言なのである。それだけ冷静でクレバーに野球を見つめてきたということであろう。

森 祇晶——「強いけどおもしろくない野球」を貫徹

もり・まさあき——西武監督→横浜監督。岐阜高で1954年（昭和29年）夏に甲子園出場を果たし、同年に巨人に入団。61年から8年連続ベストナイン。引退後は解説者を経てヤクルト、西武でコーチ。86年から広岡達朗のあとを受けて西武の監督に就任し、黄金時代を築いた。

プロ野球の歴史のなかで燦然《さんぜん》と輝くのが昭和40年代の巨人のV9である。これは巨人ファンであろうがなかろうが、誰もが認めざるをえない事実なのだ。そして、その時代の巨人の選手がその後、球界の中枢となって監督になっているのだから、いわば彼らが現在のプロ野球をつくりあげたといっても過言ではないだろう。

主軸打者で華のあった長嶋茂雄と王貞治は当然のように巨人の監督に就任した。またエースの藤田元司と堀内恒夫も監督を経験している。長嶋は現役引退して即監督就任で6年、藤田が引き継いで3年。その後、王が5年、再び藤田が4年務め、再度長嶋につないで9年。

つまりV9監督の川上哲治の勇退後、27年間をエースと三番、四番が巨人の監督を務めたということである。土井正三、広岡達朗、高田繁などほかの選手たちも他球団で監督を務めているが、最も優勝回数を誇ったのがＶ９時代を支えた捕手の森祇晶である。何しろ広岡のあとを受けてヘッドコーチから昇格した西武では、いきなり優勝を果たすと日本シリーズも制して、ここから３連覇を果たす。そして、この時代は間違いなく西武が球界を引っ張る盟主という存在だったはずだ。森は常勝軍団をつくりあげたのである。

ところが、そんな実績のある森なのだが、どうして悪党《ヒール》という印象があるのだろうか。それは皮肉にも常勝軍団・西武をつくりあげていったなかで、勝つ野球ということと、見ていておもしろい野球とが相反してしまったからだともいえる。

ファンとは選手や監督にとってはありがたい存在ではあるが、勝手なものだということも感じているのではないだろうか。というのも、勝てば勝ったで「もっとおもしろい試合を見たい」というようになってくるのだ。いってみれば勝つことに慣れてきてしまったのである。

勝てないときには「何がなんでも勝ってくれ」というのがファンである。ところが常勝軍団につくりあげたら「森監督の野球はおもしろくない」だ。それで悪党《ヒール》とされてしまうのだからたまったものじゃない、というのが正直なところだ。

ところが、じつはこうした心理はファンだけではなかったのだ。最も大事な球団オーナーの堤義明でさえもが勝つことに慣れてきてしまって、そのあげくには翌シーズンの監督契約に関しても、「監督がやりたいのであれば、どうぞお続けになれば……」といいだしてしまう始末である。

それは1989年（平成元年）10月19日のことだった。監督就任以来3年連続のリーグ優勝を果たし、日本シリーズでも勝ち続けてきた森西武だったが、この年初めて優勝を逃したのだ。それでも森自身としては来季への構想はあったわけだし、巻き返しを堤オーナーに誓いたいところだった。

ところが、その機先を制される形になってしまった堤オーナーのひと言だった。しかも、これがメディアも同席した公開報告会という場だったので、その様子をいっせいに報じられることになってしまった。別に森が監督として失態をしでかしたわけでもなんでもないのに、このことで、なんとなく西武球団における森に対しての扱いがうかがい知れるような気がしたものである。そして多くの人に「そんなに信頼されていないのかなぁ」という印象を与えてしまった。

つまり、勝っていながらも、一度優勝を逃したことで、ここまで冷遇されてしまう指揮官という印象を残してしまった。そのことで森があまり信頼されていないのではないかと勘繰られてしまったのは気の毒といえば気の毒でもある。そしてイメージとしても、なんとなく好感度を落としたことは否めなくなってしまった。つまり、それだけメディアの影響は大きいということである。

まだインターネットなどない時代である。メディアを通じて報じられた印象がそのまま多くのファンにインプットされていきやすい時代である。それに、報じられた事実に対してSNS（ソーシャル・ネットワーキング・サービス）などでいろいろな人がつぶやいて意見を出すという時代でもない。あくまでも情報を一方的に受けていくことを余儀なくされていた時代である。

当然のことながら、ファンのなかには「そうだな。あまりおもしろい野球じゃないし……新しい監督がいたら、それでもいいんじゃないのかな」という思いを持つ人が出てきていただろう。また、そう思わせてしまうようなオーナーの態度であったのだ。

ただ、森がすごいのは、この扱いをバネに再び3連覇を果たすのである。堤オーナーの冷たい仕打ちを機に、森はさらにおもしろくない野球に突き進んで、なりふり構わず徹底して勝つことにこだわっていった。そう思わせるくらいに堅実な野球に徹していた。そして、その勝つことに徹していく姿が悪党《ヒール》感を増していったのである。

結果的に森西武は86年からの9年間でリーグ優勝8回、日本一6回という圧倒的な強さであった。チーム力としてはV9を果たした川上監督時代の巨人以上だったかもしれない。

その力を見せつけたのは、堤オーナーから冷たい仕打ちを受けた翌年の巨人との日本シリーズだ。リーグ戦を22ゲーム差のぶっち切りで優勝した巨人は、圧倒的な投手陣で戦力としては史上最強とまでいわれていた。巨人の藤田監督との「元巨人バッテリー対決シリーズ」といわれて好勝負を期待されたが、西武があっさり4連勝。リーグ戦で圧倒してきた巨人を叩きのめした。巨人にショックを与えたと同時に、このかわいげのなさは一部のアンチ巨人からは称えられたものの、「森野球はおもしろくない」とされてしまった。重ねての気の毒さであった。

上田利治──1時間超の猛抗議で辞任した日本一監督

うえだ・としはる──阪急・オリックス監督→日本ハム監督。徳島・海南（現海部《かいふ》）、関西大から広島に入団。史上最年少の25歳で広島コーチに就任ののち、阪急コーチ、阪急・オリックス監督、日本ハム監督を歴任。現役時代は3年間のみで活躍はできなかったが、監督としては3度の日本一に輝いた。

悪党《ヒール》が誕生する瞬間といえば、不良じみたファッションなどの見た目、ルール破り、型破りな言動など、周囲やファンを不快にさせるような行動などがある。また、実力が図抜けており、成績が圧倒的なために悪党《ヒール》扱いされてしまうケースもあるだろう。だが、微妙なプレーについて抗議を行うという正当な行為をしたにもかかわらず、一瞬にして悪党《ヒール》として非難される立場に追い込まれた監督がいる。当時、3年連続日本一を記録するなど41歳の若さながら名将として評価されていた阪急の上田利治である。

1978年（昭和53年）10月22日、後楽園球場。パ・リーグの覇者である阪急とセ・リーグ優勝チームのヤクルトによる日本シリーズは、第7戦までもつれ込む熱戦となった。

試合は阪急のベテランサブマリン足立光宏とヤクルトのエース松岡弘《ひろむ》の投手戦で進んだ。5回にヤクルトがデーブ・ヒルトンのタイムリーで先制したものの、どちらに転んでもおかしくない展開だった。

迎えた6回裏。一死後、打席にはヤクルトの主砲・大杉勝男が立った。1ボール1ストライクからの3球目、足立が投じた内角高めに浮き上がるシュートをすくい上げると、打球は高々と舞い上がり、レフトポール際へ。フェアかファウルか、きわどいコースだったが、線審の富澤宏哉はポールの上を通過したと判断し、本塁打と判定した。

おちゃめな大杉らしく飛び跳ねながらのホームイン。ヤクルト球団創設29年目にして初の日本一に近づいた場面であった。しかし、そこに飛び出したのが阪急の指揮官・上田利治だった。

「打球はファウルである」とつめ寄り、レフト側フェンスのフェアライン近くで富澤に対して猛然と抗議を行った。だが、判定が覆ることはない。引き下がることをしない強硬な上田の態度を見た場内のファンは、いっせいに「退場コール」を叫んだ。

富澤はあらためてマイクで本塁打であることを場内に告げた。焦《じ》れた上田は守備位置についていた選手たちをベンチに引き揚げさせてしまった。

監督の猛抗議によって試合が中断ということであれば、2〜3年に一度は起こる、さしてめずらしくもない光景だが、舞台はその年の日本一を決める日本シリーズの最終第7戦。1対0とロースコアで、どちらに転ぶかわからないという展開だ。せいぜい数分で再開されるのが通例だが、この日ばかりはそうはいかなかった。

時間が刻々と経過していき、審判団が阪急ベンチの前に立って懸命の説得を試みるが、上田は首を縦に振らない。息づまる試合展開に沸いていた球場の雰囲気も徐々にだれていき、スタンドではファン同士がケンカをするというひと幕も見られた。

審判の説得に対し、上田が試合再開の条件として挙げたのは、「線審・富澤の交代」であった。しかし、急病やケガなどのやむをえない場合を除き、審判員を変更することはルール上認められていない。しかも選手や監督の抗議によって交代するなどということは常識からいっても考えられない無理な要求であった。

いっこうに態度を変えない上田に対し、見かねたコミッショナーの金子鋭《とし》が説得に乗り出した。プロ野球界の最高権力者であるコミッショナーみずから説得のためにグラウンドに出向くというのは、例のない異常事態である。それだけ緊急を要する事態だと関係者が認識していたことになる。

テレビ中継のスタッフも、いつまでも上田の抗議だけを映し続けるばかりでは能がないと感じたのか、なんとガンマイクをベンチにギリギリまで近づけ、上田や審判の声を拾おうと試みた。

そのためダミ声で「審判を代えてくれ」の一点張りで説得をはねつける上田の声がブラウン管をとおして全国の視聴者に丸聞こえとなってしまったのである。

結局、日本シリーズ史上最長となる1時間19分の抗議の末、上田が折れて試合は再開されたが、先発の足立のほうはすっかり肩が冷えてしまい、急遽、高校卒ルーキーの松本正志《しょうじ》をマウンドに送った。しかし、続くチャーリー・マニエルに致命的ともいえる一発を浴びた。

結局、試合は4対0でヤクルトが快勝し、球団創設以来初の日本一に輝いた。上田にすれば、おかしいことはおかしいと主張しているだけで、当然のことなのかもしれないが、公式戦ならともかく、日本シリーズの最終戦が放棄試合ということにでもなれば、前代未聞の不祥事となっているところだった。

異例の長時間抗議の代償はあまりにも大きかった。上田は4年連続でリーグ優勝、前年まで3年連続日本一を達成しながら辞任に追い込まれることになった。

上田に悪意がなかったのは、抗議中の怒気をはらんだ張りつめた表情を見れば明白だが、中断中、上田の自宅にはテレビ中継を見た全国の視聴者から苦情の電話が殺到したという。対応した家族の苦労はいかばかりか。一躍、全国区で敵をつくる悪党《ヒール》となってしまったのである。

もし、この試合をものにしていたら、阪急はその後も連覇を更新して巨人のＶ９に匹敵する黄金時代をつくりあげていたかもしれない。そうなれば、88年オフのオリックスへの身売りもなかったであろう。また、上田自身はその後、もう一度阪急の監督に復帰し、後年には日本ハムで采配を振るうことになるが、日本一の座に就くことはなかった。機を逃したことは、やはり大きかったのかとも思わせる。

1時間19分の抗議は、上田の野球人生だけでなく、チームの命運にも大きな影響をおよぼすことになったのである。ここまでの執念とこだわりを見せたことが良かったのか悪かったのか、その答えは誰にもわからない。

山田久志――元スーパーエースが2年で解任された理由

やまだ・ひさし――中日監督。能代《のしろ》から富士鉄釜石を経て阪急にドラフト1位で入団。エースとして阪急の黄金時代を支えた。引退後はNHK解説者を経てオリックスコーチ。その後、中日コーチを経て2002年（平成14年）から2年間監督を務める。

草創期や2リーグ分裂時代を除くと、現役選手として中日のユニフォームを着た経験がないまま監督に就任したのは濃人渉、水原茂、山内一弘、そしてこの山田久志の4人だけ。在任期間は濃人が2年、水原が3年、山内が3年、山田が2年である。濃人と山田は成績自体は2位と3位でそれほど悪いというものではなかったが、さほど未練もないかのようにあっさり中日監督を辞しているし、地元でも引きとめる声はほとんどなかった。

どちらも選手時代は愛知県にも中日にも、ほとんどからみがなかったからであろう。つまり、それは中日がいかに地場を大事にして人情的な要素を重んじているのかということにも表れている。裏を返せば、そうでない存在は、それだけ地元では悪党《ヒール》になりやすいということでもある。

山田の監督就任の経緯は、6年間続いた第2次星野仙一政権を引き継いでのものだった。リーグ優勝を果たし、最下位も経験した星野中日だったが、星野は中日ファンにとってはやはり「神」に近い存在で、最も熱いファンたちに支えられている。勝とうが負けようがファンを納得させる何かがあった。それは現役時代に巨人に対して闘志をむき出しにして向かっていった姿があって、それに多くのファンが共鳴したからである。巨人に闘志をぶつける星野に権力や強い者に向かっていく自分をダブらせて思いを注いでいるファンは少なくなかったからだ。

そして監督に就任するや、2年連続5位と低迷していたチームを2位に引き上げ、2年目には6年ぶりのリーグ優勝を達成してファンを喜ばせた。2度目の就任でも1999年（平成11年）に優勝。88年の星野自身が監督だった時代以来の優勝となった。これで星野は神格化されていったのである。

そんな星野が01年シーズンの終盤に「長く監督をやりすぎると、チームのためにもよくない」ということを理由として辞意を表明した。中日だけで監督通算11年、球団史上初めて2度優勝に導いた監督として中日を去った。

ファンに衝撃が走ったが、この年、ライバル巨人も第2次政権となって星野と戦ってきていた長嶋茂雄監督の引退を発表している。こうして21世紀の到来とともにプロ野球の監督人事にも新しい時代が来ているのかと思わせるようになっていた。

星野が後任として推挙したのが2年間、投手コーチ、ヘッドコーチとして星野監督を支えてきた山田だった。星野と山田は１９６８年（昭和43年）のドラフトの同期という縁がある。当時は抽選順制度で10番目の中日が明治大の星野を、11番目の阪急が富士鉄釜石の山田を指名している。ちなみに学年としては星野が2年上になる。

同じ年にプロに身を投じた二人だが、山田は入団2年目の70年に10勝を挙げて阪急の中心投手となる。阪急は西本幸雄監督から上田利治監督につないでいくなかでパ・リーグの常勝チームとなっていた。山田はそのエースとして強い阪急を支え続けた。17年連続2桁勝利を記録し続け、76年には26勝をマークして、その年から3年連続ＭＶＰに輝いている。開幕投手を75年から12年連続で務めており、5年連続開幕戦勝利とともに日本記録である。ベストナインに5回選出。またオールスター通算7勝は最多記録である。

当時は地味な存在のパ・リーグで記録をつくりあげてきた男である。88年に引退すると阪急には残らず、ＮＨＫの野球解説者になった。やがて阪急が身売りしてオリックスとなり、94年には投手コーチに就任しているが、結局、監督就任の声が上がらなかった。阪急の最も強い時代を支えてきた男である。これだけの実績がある選手だった山田に監督の声がかからなかったのだ。阪急はもともと生え抜き監督にこだわるチームではなく、主力選手であっても監督になっていない例が多いのだが、山田は阪急時代に何かあったのではないかと勘繰る声もあったくらいだ。

だが、プロ野球の監督は男として誰しも一度はやってみたい仕事のひとつといわれている。しかも現役時代の実績は文句のつけようがない山田である。そんな思いをNHK解説者として先輩格に当たる星野にも語っていたであろう。男気あふれる星野は、そんな山田に声をかけて、現役時代には縁もゆかりもなかった中日に投手コーチとして招いた。そして2年後にはヘッドコーチ、3年後には監督に推挙したのである。

中日としては山内一弘以来の現役時代に中日と縁のなかった監督の就任ということになった。もっとも山内は選手としての縁はないが、出身は愛知県である。しかし、山田はいかにパ・リーグを代表する投手であったとしても愛知県との縁はない。ましてや中日ファンにとって秋田県出身で阪急ひと筋の山田は、現役時代の姿をあまり思い浮かべられない存在だった。

地場密着で現役時代のイメージを重ねながら応援していくスタイルの中日ファンにとっては、どうしても明確な距離感があった。いくら星野が推挙したとしても、その溝は埋め切れなかった。

その一方で、中日を去った星野は、あろうことか阪神の監督に就任していた。しかも翌年、その阪神が好調で優勝を狙える位置につき、山田監督2年目の中日はそれを追いかけるという状況になった。阪神戦に敗れると、「山田は星野に恩があるもんだで、星野阪神に大事なところでよう勝たへんでいかんわ」とあからさまに批判する声が上がってきた。シーズン当初には地元で最も人気のあった愛工大名電出身の山﨑武司をトレードでオリックスに放出していることもファンの心証を害していた（10年後に復帰）。山﨑と山田は1年目に衝突しており、それが要因だったともいわれている。

こうして悪党《ヒール》としてのイメージが固まっていってしまった山田。9月7日の試合で判定をめぐって激しく抗議して退場宣告を受けると、その翌日には解任が発表され、静かに中日のユニフォームを脱いだ。秋田県人で、酒好きで、投球同様に粘り強いというが、解任は自分でも納得していたのか、いともあっさりしたものだった。

石毛宏典——離婚から始まった「西武監督候補」の転落

いしげ・ひろみち——オリックス監督。市立銚子《ちょうし》、駒澤大、プリンスホテルを経て、1980年（昭和55年）のドラフト1位で西武に入団。新人王のほか、86年シーズンは3割2分9厘、27本塁打でMVPに輝き、西武の黄金時代を支えた。94年オフにダイエーに移籍。

プロ野球の世界において監督に対する評価は二種類しかない。ひとつは選手起用や采配によって、どれだけの成績を残したのかということだ。そして優勝など好結果を残せば、それがたとえ実際には分厚い選手層によって支えられていたものだったとしても、優勝監督として名将たりうるのである。逆に優勝できなかったら、いかに現役時代に好選手だったとしても「監督としてはダメ」と切り捨てられてしまうのだ。しかし、それでももうひとつ評価されることがあるとすれば、スター選手を育てた、埋もれていた選手を引っ張り上げて活躍させた、ということである。

これは結果として自分が指導した選手が活躍するかどうかということになるのだが、それが認められれば、指揮官としての評価は決して落ちるものではない。つまりプロ野球の監督の仕事への評価というのは、勝利という結果か、育成という結果しかないのだ。いずれにしても監督は自分でプレーするわけではなく、そこにかかわっている選手がどういう結果を出してくれるのかに尽きるのだ。そういう意味では結果がすべてといえる。

アマチュア時代から徐々に階段をのぼっていきながらもつねにスターであり続けた石毛宏典は、監督に就任したものの、結局そのどちらも成果を上げ切れなかった。西武時代には球界を代表するスター選手であり、将来の幹部を約束されたような立場だった。しかし、結果的には悪党《ヒール》の役回りになってしまったのだ。

いま思えば、石毛の曲がり角は西武からダイエーに移籍したときだったのではないだろうか。石毛は西武で14年間を過ごした1994年（平成6年）シーズンの終了後に9年間監督を務め、その間に8度の優勝を果たしていた名将・森祇晶の後継としてどうかと球団から監督就任を打診された。そのまま承諾すれば、西武・石毛監督が誕生していたことになったであろう。

ところが石毛は現役にこだわっていた。それに前年には秋山幸二が、そしてその年のオフにはエースの工藤公康が、ともに王貞治監督のダイエーに移籍していた。西武王国の陰のプロデューサーといっていい根本陸夫がダイエーの編成担当の球団専務となっていたことも大きかった。

投打の主力が抜けて、さらにベテランの自分まで抜けてしまった飛車角落ちの西武をディフェンディング・チャンピオンとして石毛新監督が指揮することは、厳しいといえば厳しい。それに石毛自身の私生活のことでいえば、離婚の慰謝料も払わなくてはならず、現役選手としての高年俸は魅力だった。折しもFA権を取得しており、石毛も王ダイエーに移籍することを選んだ。結果的に「現役にこだわり続けたい」と報じられた。

こうしてダイエー石毛が誕生したのだが、ダイエーではもうひとつキャリアを発揮し切ることができず、わずか2年で現役引退ということになった。それでも西武時代の実績や根本の引きもあって二軍監督に就任した。

名プレーヤーだった石毛が指導者となってどんな選手を育てていくのか、あるいはどんな采配をするのか、多くのファンは期待して見つめていた。しかし、結局これといった結果を残すことなく二軍監督としては2年で終了。そして、そのままダイエーのフロントに入ることもなくNHK解説者となった。

もっともNHK解説者というのは監督への待機所ともいわれている。プロ野球でそれなりに実績を上げて、監督に野心のある人にとっては絶好のポジションである。星野仙一、大島康徳、梨田昌孝、原辰徳など多くの名監督がＮＨＫ解説者を経験している。ＮＨＫという肩書で、メディアはもちろんのこと、球界に対してもよりネットワークを広げていける機会が多くなるはずである。石毛にとっては願ったりかなったりのところだったはずだ。

その予測どおり、石毛に監督の声がかかった。02年に大きな期待を込められながらオリックス監督に就任した。しかし、1年目は最下位に沈んでしまった。挽回を目指した2年目も開幕から低迷を続けて浮上することなく、20試合を消化した段階で7勝12敗1引き分け。批判を浴びて、そのまま辞任ということになった。

辞任にいたる経緯に関しては、あまりにも唐突だったということもあって詳細は報じられず、憶測で語られることが多かった。新外国人選手としてフロントが期待して呼んできたホセ・オーティズとルーズベルト・ブラウンが不振だったことも響いた。彼らの扱いに関してもフロントと方向性が合わず、それも引き金になってしまったようだ。

いずれにしても、西武からＦＡで移籍したダイエーで二軍監督を経たあとに、ＮＨ

Kという絶好の場で外から野球を学んで、鳴り物入りでのオリックス監督就任だった。8年間、仰木彬が監督を務めていたオリックスは、2年間Bクラスが続いたとはいえ4位。それまではイチローが中心選手として活躍して、2回優勝して日本一にもなり、Aクラスを維持していた常勝チームだった。阪急時代から通算しても、西本幸雄監督の1年目だった63年以来、最下位は経験していない。

そんなチームが最初から最後まで低空飛行。西武黄金時代の主力メンバーとして活躍していた石毛だったが、オリックスでは完全な外様だった。ずっと関東育ちの石毛にとって、関西の地では居心地の悪さがあったのかもしれない。しかし、指揮官・石毛はほとんど評価されることなくユニフォームを脱いだ。

その後、独立リーグの四国アイランドリーグの立ち上げに尽力し、新しいプロ野球の形にチャレンジしてその主導的な立場となっていたが、やがてそのポジションも離れていく。オリックスの監督を突如辞して以降は、なんとなくマイナーになっていき、イメージとしては悪党《ヒール》的なものとなっていった。その後は関西独立リーグの最高顧問なども務めたが、分配金問題に巻き込まれるなどして、その任を辞した。

伊原春樹――「名コーチ必ずしも名監督にあらず」で休養

いはら・はるき――西武監督→オリックス監督→西武監督。北川工（現府中東）から芝浦工大を経て、1970年（昭和45年）のドラフト2位で西鉄に入団。80年に引退後は西武で二軍守備走塁コーチなどを務め、阪神コーチを経て、01年に西武コーチに復帰。02年から2年間監督。14年に再就任したが、53試合で休養。

それは、あまりにも衝撃的なシーンだった。1987年（昭和62年）の日本シリーズ、西武の3勝2敗で迎えた巨人との第6戦8回裏、西武の攻撃という場面である。2対1と1点リードしている西武は二死で一塁に辻発彦（現監督）を置いて秋山幸二が中前打したが、一塁走者の辻は単打にもかかわらず一気にホームインを果たした。これは巨人の中堅手ウォーレン・クロマティの返球に隙が多いということを見抜いた三塁コーチの伊原春樹が最初から狙っていたプレーだったといわれている。

これで伊原のコーチとしての洞察力の高さが一気に評価されることになった。このプレーで完全に勝ちを呼び込んだ西武は、前年の1引き分け3連敗のあとの4連勝に引き続いて2年連続の日本一となり、黄金時代を築くことになった。

西武黄金時代とは森祇晶監督が就任していた86年から94年までの8年間を指すが、

その間、コーチとして情報分析して、それを巧みに森に伝えていたのが伊原だった。まさに「西武の頭脳」と呼ばれていた。通常は三塁ベースコーチに入って走塁の指示を行っていたのだが、この日本シリーズの場面のように表に出たプレーだけではなく、細かい部分でも投手のクセを見抜いたり、相手野手の細かな動きにまで目をやったりして、ちょっとでも動作に隙があるとそこを突いていった。

こうして緻密な森野球にとって伊原はコーチとしてなくてはならない存在となっていったのだった。森西武が勝てば勝つほどコーチとしての伊原の手腕への評価は上がっていった。次期監督候補という声も上がっていた。

もっとも伊原の現役時代は地味な存在だった。そもそもプロ野球選手としてはめずらしい理系の芝浦工大出身である。当時は芝浦工大も東都連盟の一部に所属する強豪で、伊原が在学していたときにはリーグ優勝を果たしている。時折しも大学紛争の時期で、学校側と野球部が揉めたりということもあり、伊原が4年のときは監督不在のままリーグ戦を戦い、主将で兼任監督を務めながら春季リーグを制した。そんなことも評価され、70年のドラフト2位で西鉄に入団している。

入団2年目の72年に三塁の定位置を確保していたが、あまり華やかな活躍はなかった。76年に巨人に移籍し、78年にクラウンライターとなったライオンズに戻ってきている。そして80年に引退すると、翌年からそのまま西武のコーチになった。コーチとしては根本陸夫、広岡達朗、そして森祇晶に仕え、95年からは森の後任となった東尾修監督時代も引き続いてコーチングスタッフに名を連ねていたが、野球観が違ったこともあって99年に解任された。

それでもコーチとしての手腕は買われていて、00年に野村克也監督の阪神にコーチとして招かれた。そして01年に再び西武コーチに戻り、翌年からは東尾のあとを受けて監督に就任した。看板スターである伊東勤が引退して監督になるまでのつなぎといわれていたが、就任1年目で優勝。三塁コーチボックスからの采配が目を引いた。

2年間監督を務め、伊東監督の就任で辞するが、すぐにオリックス監督になるなど、力量が評価されていた。その後、オリックスの合併騒動などで監督交代となったが、07年には原辰徳監督の巨人でヘッドコーチに就任。鬼軍曹として原巨人を支える存在として評価されていた。「コーチは嫌われ者でなくてはならない」というのが伊原の考え方である。だから憎まれ役になることはいとわない。悪党《ヒール》であることをむしろ望んでいるのかもしれない。

そんな伊原に13年オフ、西武から監督要請があった。渡辺久信の後任である。古巣からの監督要請に応えた伊原は「強い西武」の復活を目指して厳しさを前面に打ち出した。それはプレーだけでなく、ユニフォームの着方や髪型などにもこと細かく神経を注いで、ヒゲや長髪、茶髪の禁止などを通達した。これになじめないと判断したエースの涌井《わくい》秀章はFA権を行使して、さっさとロッテに移籍した。

最初の就任挨拶では選手たちに「西武鉄道の初乗りの運賃を知っているか」ということを質問した。親会社である鉄道の初乗り運賃はプロ野球選手であっても知っておくべきだという、社会常識を身につけよという意味での質問だったのであろう。ただ、それまでは「元祖新人類世代」といわれた渡辺のもとで開放的な野球をしてきて、私生活に関しても比較的無頓着で自由に振る舞ってこられた選手たち。これではまるで箸の上げ下げにも口を出されそうな口うるさいオヤジ監督のもとでの窮屈感が感じられたことだろう。

14年の西武は開幕カードに3連敗するなどスタートから精彩を欠き、早々と30敗を記録するなど最下位を走り続けた。こうして開幕からわずか53試合を消化したところで伊原は球団に休養を申し入れた。「西武は強くなくてはいけない。創設以来の最下位が続いて、私が休養することで、またいい風が吹いてくるのではないかと思います」と休養を発表。そのまま復帰することなく辞任を申し出て、6月27日に正式に辞任。球団本部付アドバイザーとなり、同年末で退団した。

先述のように、「名選手必ずしも名監督にあらず」という言葉がある。それはスター選手が必ずしも指揮官としてすぐれているとはかぎらないということだが、じつは「名コーチ必ずしも名監督にあらず」ともいえるのだ。コーチとしては巧みな参謀ぶりを発揮していた伊原だったが、監督としては2度目の西武では空回りに終わった。

戦国の世には天下人を目指す武将が多く現れたが、その周辺には作戦参謀といわれるような戦略家がいた。黒田官兵衛もそんな戦略家のひとりであった。ただ戦術家と戦略家は違う。これは野球の場合でも同じで、伊原の場合は戦術家としてはすぐれていたが、戦略家としては疑問符を残したままの辞任ということになってしまった。

大久保博元――なぜトラブルメーカーは成り上がれたのか

おおくぼ・ひろもと――楽天監督。水戸商から1984年（昭和59年）のドラフト1位で西武に入団。92年に巨人に移籍後は活躍を見せたものの、95年に引退。デーブ大久保の芸名でタレント活動などを行ったあと、西武コーチを経て楽天コーチ、二軍監督、監督代行、監督を務めた。

芸能人としての芸名を持っているプロ野球人のひとりとして知られる大久保博元は、現役時代、コーチ時代を通じて、野球の内と外で何かとマスコミを騒がせてきた。それでもなぜかコーチ人事で招聘されて、2014年（平成26年）シーズンには楽天の星野仙一監督の体調不良による休養もあって、7月2日から監督代行を引き受けることになった。

そもそもデーブ大久保なる芸名自体がふざけているといわれかねない。これは大久保が太っていることで「デブ」をもじって「デーブ」とした。さらに西武に入団して2年目に1年間、1Aのサンノゼ・ビーズに野球留学していたときに引率の和田博実コーチがアメリカ人風に命名したものである。

いずれにしても肥満体質であったことに変わりはない。とくに大久保の現役当時の西武は広岡達朗監督が管理野球のベースをつくり、森祇晶監督に引き継がれたところで黄金時代を形成中だった。そんななかで体型的にもイメージとしても西武野球からはみ出てしまう存在だった。

それでも指名打者制があるパ・リーグでは出場機会があったはずだ。指名打者としての起用もあったのだが、大久保は出場機会を求めてトレードを直訴。フロントで管理部長としてチームのマネジメントを仕切っていた根本陸夫前監督に目をかけられていたこともあって希望はかなえられ、92年5月に巨人に移籍することになった。

移籍早々、藤田元司監督に起用されると、水を得た魚のように活躍。巨人という日の当たるスポットが大久保の目立ちたがりの本性を刺激したようだ。『巨人を蘇《よみがえ》らせた大久保博元の魅力』（リム出版）なる本まで出版されたくらいだ。

こうして大久保は巨人の救世主であるかのように称えられたが、シーズン終盤にはやや失速気味となった。それでも「巨人の大久保」としてすっかり定着した。西武時代に比べてメディアへの露出も増えていた。

しかし、95年シーズンの早々にケガもあって突如引退し、そのままデーブ大久保として芸能人になるとともに、野球解説をするという立場になった。メディアとのつきあいは天性のものがあったのかもしれない。少なくとも巨人のエース桑田真澄よりは相性がよかったようだ。

もっともメディアでの立ち位置からして大久保が再びユニフォームを着ることはないだろうと思われていた。球界関係者たちも「大久保は、あっち側（芸能関係）の人間」という判断だったはずだ。

ところが08年に西武の監督に渡辺久信が就任して様相が変わった。渡辺が打撃コーチに大久保を指名したのだ。ちなみに渡辺は大久保の1年前にドラフト1位で入団している。そんな縁もあったのかもしれないが、渡辺は大久保の持っている何かを感じていたのだろう。大久保は解説者時代に「代打はレギュラーより打てないから代打でしか出られない」という独特の解釈による物言いなどウケ狙い的な発言も少なくなかったが、それらも含めて渡辺は個性と見ていたのだろう。実際、アーリーワーク（早朝練習）の導入で打線の強化に貢献し、明るいキャラクターでチームを盛り上げた。

じつは09年に一度コーチを離れているのだが、これは知人女性に暴行を働いたということが報じられてトラブルになったため、球団はコーチを解いていたのだ。それでも翌年に再び二軍打撃コーチとして復活した。しかし、10年にシーズン途中に再び突如コーチから外されることになった。球団の発表では「コーチとして不適切な行為があった」というものだったが、後日、ヒアリングなどで大久保の暴力行為が判明した。しかも、その当事者が売り出し中のルーキー菊池雄星だっただけに、今度は大久保も分が悪かった（のちに和解）。結局、西武を解雇されてしまうのだが、そんな大久保に再び球界から声がかかる。

12年、星野仙一が監督を務める楽天からコーチの要請があったのだ。1年間打撃コーチを務め、13年からは二軍監督に就任した。14年のキャンプでは選手が脱水症状になって、一過性意識喪失発作を起こすなどの騒ぎもあり、厳重注意処分があった。それでも大久保の身分は周辺の変化によって思いもかけない形に好転した。

星野監督が5月に体調不良を理由に休養となった。代わって佐藤義則投手コーチが監督代行となっていた。ところが7月になって大久保が二軍監督から一軍の監督代行に昇格することが発表された。安部井寛チーム統括本部長は、「大久保さんは選手とコーチとのコミュニケーションが取れる。内部では大久保さんしかいない」と昇格の理由を説明していたが、佐藤代行時代の成績は9勝14敗。たしかに必ずしもいい成績ではない。ただ突然監督代行になった佐藤コーチはチーム状態がベストではない時期の就任だった。やっと監督代行としてチーム状態をつかめてきていたところだったのではないかと思えた矢先での交代劇だった。投手陣の再建に集中したがっていたともいわれる。

その背景に何があるのかはわからないが、そこまでして昇格させた大久保監督代行は、「星野監督が帰ってきたときに、いろんなパターンを考えておきたい。最下位なんだから、いろんなトライをしないといけない」と謙虚ながらアグレッシブであった。まさかの監督代行となってしまったデーブ大久保。これまでコーチ時代には何かとトラブルが多かったので、すっかり悪党役《ヒール》に慣れているのかもしれないが、監督代行時代には控えめなコメントが多かった。やはりトラブルの回避を意識しているのだろうか。スポーツ新聞では「デーブいい子」などという見出しも躍っていた。

15年に監督に正式に就任したものの、チームは最下位。7、8月ごろには不協和音も出ていた。案の定、大久保は1シーズンで辞任。球界を引退し、解説者の傍ら、居酒屋のオヤジとなった。

星野仙一
——ヒールとヒーローを交互に演じる千両役者

ほしの・せんいち——中日監督→阪神監督→楽天監督。倉敷商、明治大を経てドラフト１位で中日に入団。１９６９年（昭和44年）から82年の引退まで現役時代は中日ひと筋。ＮＨＫ解説者を経て87年と96年の２度、中日監督に就任。その後は阪神監督から北京《ペキン》五輪の日本代表監督を経て楽天監督。

明治大時代にドラフト会議で期待し、約束していたはずの巨人から指名がなかったこともあり、１位指名で入団した中日では打倒巨人に闘志を燃やした星野仙一。そんな姿がファンの気持ちを熱くして、「燃える男」のニックネームで中日の地元・名古屋で一番人気の選手となっていった。現役時代は大記録こそ残さなかったものの、通算１４６勝１２１敗34セーブという記録が残っている。

ＮＨＫ解説者としては、時に熱く、時にスマートに話して好感度を上げていった。そして１９８７年（昭和62年）に中日監督に就任すると、5位に低迷していたチームを2位に引き上げ、翌88年にはリーグ優勝。

指揮官として時には鉄拳制裁もいとわない姿が当時は「愛のムチ」と称えられたくらいだ。そして5年間務めて再びＮＨＫ解説者となったときには、「理想の上司」としてのイメージを確立していった。

そんな星野にやや低迷感のあった中日は再び監督就任を依頼する。こうして第2次星野政権は96年から6年間続いていくのだが、99年には自身の第1次政権時以来の優勝を果たす。中日ファンにとっても「星野は優勝してくれる監督」ということで、ますます信者が増えていった。マンションのルームナンバーをわざわざ「1001」で探す熱狂的なファンも現れた。

ところが、そんな星野が01年シーズンの後半に突如、辞意を表明。長いこと監督を務めていることで弊害が生じてきたということを理由とした。「それならばしかたがない」と中日ファンもあきらめたのだが、その舌の根も乾かぬうちに阪神監督就任が電撃発表された。これにはファンの意見は二分した。星野の意思を容認する星野派もいたが、敵前逃亡の「裏切り」という見方をする者も現れた。

こうして名古屋では間違いなく好感度があった星野が、みずからの意思で悪党《ヒール》の道に踏み出したのだ。「もともと岡山の出身で、幼いころは阪神ファンだった」という発言も熱狂的な中日ファンの気持ちを逆なでした。

これが星野監督の悪党《ヒール》物語の第1章だった。

その星野阪神の2年目には中日と優勝を争う展開となっていった。中日の監督は星野の下でコーチを務めていた山田久志だった。その山田中日は9月になって失速し、優勝争いから脱落。結局03年シーズンは星野阪神が優勝した。中日ファンにとっては星野監督の悪党《ヒール》物語の第2章となった。

そして、ここから星野の監督人生も動きが激しくなっていく。阪神を85年以来の優勝に導いて関西の阪神ファンから崇《あが》め奉られるようになり、〝星野様々〟となったかと思いきや、日本シリーズ前日に「星野監督が日本シリーズ終了後に勇退」と報じられた。結局、日本シリーズ終了後に「健康上の理由」で退任することを正式発表することになった。

後任を生え抜きの岡田彰布《あきのぶ》に譲った星野はオーナー付シニアディレクター（SD）という肩書で阪神に籍を残した。阪神に優勝をもたらした監督ということで、阪神がその立場を保障したものだったのだろうが、これもまた中日ファンにとっては複雑だった。「星野は中日の人間ではなかったのか……？」そんな声が漏れ聞こえてきた。

そんな外野の声をよそに、星野は阪神SDという新たな立場からナイスミドルのイメージでCMなどに引っ張りだこになった。大学の客員教授などを務めて野球界の外で文化人としての立場で活躍していた。キャスターや解説者としては、その歯切れのよさで「理想の上司」のイメージは変わっていなかった。

悪党《ヒール》どころかナイスダンディの星野である。多くの中高年のオヤジたちも「年を取って、星野さんみたいになれたらいいなぁ」という憧れの存在でもあった。

そんな星野が、突如として悪党《ヒール》の立場に逆転する出来事が起きた。

08年の北京オリンピックを翌年に控え、日本代表監督がまだ決まっていなかった。オリンピックがシーズン真っさかりの8月開催ということもあって、プロ野球の現役監督は誰も引き受けることができないことは最初からわかっていた。そんなこともあって人選には苦労していた。

それに、この北京大会を最後に野球が次のローマ大会からオリンピック種目を外れることも決まっていた。それだけに最後のオリンピックでの野球競技でもあり、日本としては有終の美を飾らなくてはいけないという思いがより強くなっていた。当然、指揮官もそれなりのネームバリューのある存在でなくてはならなかった。

そこで白羽の矢が立ったのが星野だった。07年早々の1月には「星野仙一五輪日本代表監督」が発表された。もちろん星野にも監督問題が表面化していくなかで、ある意味では自分しかいないという思いがあったのではないだろうか。

力強く快諾した星野は、「星野ＪＡＰＡＮ」を打ち出して日本代表としてスタートすることを宣言した。

「金メダルしかいらない」

強い思いを打ち出して就任した北京オリンピック日本代表の監督だった。日本代表の監督としては、04年アテネオリンピックの長嶋茂雄（病気療養中のため中畑清が代行）、06年ワールド・ベースボール・クラシック（ＷＢＣ）の王貞治に続くもので、まさにＯＮの次の野球界の切り札という証明となった。「尊敬する二人と比べると、実績で天と地の差がある私でいいのかなと思う。自分の運に感謝している」と、やはり日本代表の監督は野球人としては最大の栄誉であり、目標であるということを感じさせる発言であった。

そして星野はこうも述べている。

「野球に恩返しをしたい。野球で学び、甲子園、プロを夢見てきた。野球に恩返しするチャンスをいただいた」

しかし、結果としては金メダルどころか、メダルそのものにさえ届かなかった。結果がすべての世界という舞台での戦いである。これで一転その責任を取らされる形になった。オリンピックではメダルが十分に期待された種目であり、そこでまさかのメダルなしは、まさに日本中から悪党《ヒール》視の標的にされてしまったのだ。

もちろん勝ち切れなかった要因は監督の責任だけではあるまい。しかし、メダルを取った国に対して5度戦って全敗という結果は、やはり厳しかった。

就任時には持ち上げるだけ持ち上げていたメディアも、帰国した「星野JAPAN」に対しては手の平返しで戦犯探しを始めた。

次回WBC監督に内定していたはずが、オリンピックで結果を残せなかったことで白紙に戻された。

こうして一躍悪党役《ヒール》を再び引き受けることになった星野だったが、それから3年後に楽天監督に就任（のち副会長）。5位、4位と毎年順位を上げ、3年目の13年には球団設立以来の悲願を達成してリーグ初優勝を果たし、その勢いでそのまま日本一にのぼりつめた。ヒールから転じてヒーローとなった星野だったが、18年正月早々、70歳で他界という訃報が入った。中日ファンはもちろん、阪神ファン、楽天ファン、それぞれが冥福を祈った。

第四章
フロント、球界首脳編

渡邉恒雄
堤 義明
高塚 猛
小津正次郎
久万俊二郎
松園尚巳
永田雅一
鈴木龍二
金子 鋭
根本陸夫
清武英利
赤嶺昌志
堀江貴文

辛辣な発言が物議を醸す巨人・渡邉恒雄元オーナー
写真提供:共同通信社

渡邉恒雄——なぜ名記者は「球界のドン」に転じたのか

わたなべ・つねお——巨人。読売グループの総帥として読売新聞グループ本社代表取締役会長、読売新聞主筆を務める。もとは政治部記者だったが、江川騒動を機に巨人にからむようになった。読売新聞社社長、巨人軍オーナー、最高顧問などを務め、球界に強い影響力を誇示してきた。

独裁とは「①自分一人の判断で物事を決めること。②絶対的な権力を握る一定の個人または集団・階級が独断によって全体を治めること。また、そのような体制」(三省堂『辞林21』)とある。その独裁をみずから認めることによって組織そのものに絶対的な力を示し続けていくことは、ある意味では組織の上に立つ者の理想といえよう。独裁者というのは、そういう存在であろう。

しかし、その一方で、当然のことながら、多くの一般的考え方のもとでは、矢面《やおもて》に立つ場面も多くなっていくことになる。当然ながら反権力という考え方もあるわけで、そういう勢力の者たちから攻撃を受けることは避けられない。そんなことも承知だからこそ独裁者たりうるのかもしれない。

権力志向がある人間にとっては、あるいはもっといえば、その権力の座には自分こそふさわしい者なのだという自意識がある者にとっては、独裁者であることこそが権力の誇示であると考える。権力者としては独裁を否定するものではないということも、またたしかなことである。

渡邉恒雄は天下の公器である読売新聞の社長というよりは、そのグループ傘下にあるプロ野球球団の読売ジャイアンツのオーナーということで、一気に多くの人にその名を知られる存在となった。しかも巨人がらみのトラブルの際に、何かしらその名前が登場することで広く知られたのである。そのことは誰も否定しないであろう。おそらく本人にもそういう座にこそ君臨すべきなのだという認識が強くあるのではないだろうか。その言動を見るにつけ、そうとしか考えられないのだ。

自分自身でも独裁者であることは否定していないし、メディアで「独裁者」と称されることに関してもわれ関せずだ。というより、「オレこそ最後の独裁者だ」とばかりに、周囲が騒げば騒ぐほど、そのことを自分自身も喜んでいくという、そんな傾向もある。

大正最後の年となった1926年（大正15年）生まれ。昭和という時代とともに生き、さらに平成の世になって、いよいよその独裁性を増していった。悪党《ヒール》であろうがなかろうが、渡邉とはそんな男である。いわば昭和から平成のスポーツ文化史や社会史のなかに名前が出てきても、なんの不思議もない存在となっているのだ。

そもそも渡邉は野球畑、スポーツ畑の出身ではない。東京大を卒業すると読売新聞社に入社し、「週刊読売」を経て政治部記者として辣腕を振るった。政治部記者時代に鳩山一郎、大野伴睦《ばんぼく》、田中角栄といった大物政治家と交流を持つようになり、やがて中曽根康弘総理の擁立にかかわるなど、政治の世界でその存在を示していた。

だからプロ野球の存在などというものは、当時の渡邉記者にとってはどうでもいいこと、取るに足らないことだったのであろう。

ところが、そんな渡邉がプロ野球にかかわらざるをえない事件が起きた。それが法政大出身の怪物投手といわれ、巨人入りを熱望していた江川卓の獲得のための裏工作である。いわゆる「空白の一日」事件である。江川の後見人となっていたのが北関東の有力政治家で、栃木で一大学園を築いている作新学院を経営する船田一族の船田中代議士だった。その船田を巻き込んで、野球協約の文言に挑戦するような形で強引に巨人入りを画策した。その際に巨人と船田を取り持ったのが渡邉だった。

こうしてプロ野球の世界に政治が持ち込まれることになったのだが、渡邉もそのおもしろさを感じていたようだ。つまり、政治の理論をプロ野球の世界にも持ち込もうという発想の基礎がこうして築かれていったのである。

やがて読売新聞社副社長に就任すると、いわゆる傘下組織であるプロ野球読売ジャイアンツの最高経営会議のメンバーとなり、プロ野球経営にかかわっていくことになった。そこへ１９９１年（平成3年）に務臺《むたい》光雄名誉会長が亡くなったことと、巨人が必ずしも常勝チームではなくなっていくことが重なってきた。

さらにサッカーがプロ化されてJリーグが華々しくスタートしたことで、野球界の危機がささやかれ始めた。「これからはサッカーの時代。プロ野球人気は低迷する」。そんなことがスポーツマスコミの間で平然と報じられるようになってきていた。

傘下に巨人をメインにプロ野球報道を中心としている報知新聞（スポーツ報知）を抱える読売新聞としても、プロ野球人気の衰退は死活問題だ。そんな危機感のなかで渡邉オーナー擁立の声が高まり、そのムードに乗って96年にオーナーに就任した。

そして読売グループの総力を集めたメディアと資金の力で巨人の戦力アップとともに「巨人が強くてこそプロ野球の繁栄だ」という意識をつくりあげていこうとした。その強引な手法に他球団のファンは反発した。こうして渡邉そのものがアンチ巨人ファンにとって悪党《ヒール》の象徴的存在となっていくのだった。しかし、そんなことは権力者としてはどうでもいいことだった。

当然のことながら、プロ野球の創成期からの老舗である読売巨人軍のオーナーは、球界そのものに強い影響力を持つことになる。球界再編で揺れた04年に当時の選手会長・古田敦也（ヤクルト）が「経営者側とも直接会って話をしたい」という意思を述べたのに対し、「何をいうか。分をわきまえろ。たかが選手が……無礼な」と発言してプロ野球ファンから大顰蹙を買ったことがあった。

また、原辰徳監督を2年で更迭して堀内恒夫監督にすげ替えたときには、「読売グループの人事異動だったと思います」といってのけて唖然とさせた。その2年後に星野仙一の招聘に失敗すると、あっさり原監督を戻している。たしかに人事異動だった。

そんなワンマンの象徴といわれる渡邉も15年秋、一連の野球賭博に巨人の選手がからんでいたことへの引責辞任で、やっと球界を去った。

次の目標として、務臺が亡くなった94歳を超える95歳までは存在感を示したいと、ひそかに思っているといわれている。

堤 義明——財界の盟主はプロ野球に何を求めていたのか

つつみ・よしあき——西武。父・康次郎《やすじろう》の事業を引き継いだ形で西武鉄道グループのオーナーとして日本の高度成長とともに歩んできた事業家。1978年（昭和53年）にクラウンライターを買収して埼玉県所沢市を本拠地とした西武ライオンズのオーナーとなった。

東京大空襲で防空壕《ぼうくうごう》に避難する多くの人々。そのなかに不動産業者であり、土地開発の事業家として名を挙げた堤康次郎がいた。多くの人々が逃げ惑うなか、自宅に設けた防空壕のなかで、空襲で焼け野原になった土地を次々と買収していく手立てを考えていたという。それがのちの国土計画（現在はグループ再編により解散）、西武鉄道グループの礎となっていった。

その堤康次郎の三男として誕生したのが義明だった。もっとも優秀な後継者を育てるには一夫多妻制こそふさわしいと考えていた康次郎だったから、義明はほかの兄弟とは母親が異なっている。

そうしたなかで自分の後継者として最もふさわしいとされて指名された義明は、早稲田大に在学中から帝王学を叩き込まれ、大磯ロングビーチや軽井沢スケートセンターを成功させた。さらに卒業するとすぐに父親の事業を継承する形となった。

そんな堤義明がプロ野球の世界で名を知られるようになったのは、1978年（昭和53年）に福岡で経営に苦しんでいたクラウンライターライオンズを買収したときからだ。

クラウンライターの前身は西鉄で、かつては稲尾和久、中西太、豊田泰光といった猛者を擁して「野武士軍団」といわれ、一時代を形成したこともあった。しかし、その後は経営難に陥り、やがて身売りしてネーミングライツを太平洋クラブに譲渡。それも4年しかもたず、クラウンライターに譲渡した。そのクラウンライターもわずか2年でネーミングライツを手放すことになったのである。その間、太平洋クラブ時代に一度だけ3位になったのを最高として、ほかはすべてBクラスだった。

プロ野球は新時代となり、かつての西鉄ライオンズ時代の栄光を知らないファンが多くなってきていた。そんな時代に万年下位のチームを買収したのだ。そのころのライオンズの経緯からしても、「よくもって数年で手放してしまうんじゃないか」。そんな見方をしているファンは少なくなかった。

だから必ずしも西武の球団買収は順風には見えなかった。しかし、堤は従来の映画会社のオーナーが自分の道楽として球団を買収して、勝とうが負けようが自分のチームを持っていることに満足したというスタイルではなかった。プロ野球そのものをひとつのビジネスステージとして考えていたのだ。だから土地開発と同じ感覚だった。

本拠地を福岡県から埼玉県所沢市に移転し、そこにスタジアムを建設したのも、西武鉄道を利用して集客するという発想だった。だからスタジアムのすぐそばに最寄り駅をつくる必要があった。ただし、それだけではオフの間には人が来なくなってしまうので、ほかにもイベント施設を設けていった。

また、営業ツールとしてシーズン席を企業などに積極的にセールスしていくことで日々の営業リスクを少なくしていくことも考えた。同時に西武鉄道沿線を開発していくことと、沿線に西武球場があってプロ野球の試合が見られるのだということを積極的に宣伝していった。こうしてビジネスケースとしてのプロ野球球団運営のひな形をつくりあげていった。

さらに集客の条件ともいえる目玉商品が必要なのだが、そのためにセ・リーグの人気球団である阪神のスター選手だった田淵幸一をトレードで獲得する。一方、傘下のプリンスホテルに社会人チームをつくることでアマチュア球界の有力選手獲得のための下地をつくっていった。監督は根本陸夫がクラウンライター時代から引き続いて指揮を執ったが、監督としての采配というより、その後の根本は経営に参加することで手腕を発揮するようになる。それが西武王国をつくりあげていく礎となった。

こうしてスタートした西武球団。「やるからには球界の盟主を目指す」と意気込んだ堤はライバルを巨人と見据え、そのためには日本シリーズで巨人を倒して日本一になることだと睨んだ。そうして巨人出身ながら、監督としてヤクルトで巨人を倒した実績のある広岡達朗を指名した。

根本の画策もあって先を見据えた強化体制が整っていた西武は、広岡監督招聘1年目から成果を上げ、連続日本一で「西武強し」を世に示し始めた。広岡監督が4年間務めたあと、同じく巨人出身の森祇晶がコーチから昇格。力を蓄えてきていた西武は森監督のもと、3年連続で日本一の座に就く。「球界の盟主は西武になった」とまでいわれるようになった。

しかし、堤オーナーにとっては、日本一になってもプロ野球にビジネスとしてのおいしさをそれほど感じなくなっていたというのが本音であろう。かぎられたキャパシティーのなかでの興行で、しかも選手が活躍すれば人件費もそれにつれて上がっていく。思っていたほどわりのいい商売ではないということに気づき始めていた。

そんな矢先の89年、チームは4連覇を近鉄に阻止された。優勝を逃した森が、来季への立て直しを誓う気持ちで堤オーナーのもとを訪れ、多くの取材陣も集まったなかでの公開報告会見となった。初めて優勝を逃した悔しさを抑えながらの森だったが、来季の自身の進退を含めて聞こうとすると、「監督がやりたいのであればどうぞ、おやりになれば」とそっけなくいい放たれた。

ワンマンオーナーとしては、もはや野球なんてどうでもいいビジネスになっていたのだろうか。さすがの森も返す言葉を失った。メディアも味もそっけもない堤オーナーの態度を皮肉った。

土地開発やそのほかの利権ビジネスに比べて、プロ野球は華やかで目立つ存在ではあるけれども、ビジネスとしてはそれほどのものでもなかったということか。それでも手放さないでやっていてくれたことに、ファンとしては感謝すべきなのだろうか。

その翌年から再び3連覇して、森は勝負師としての意地を示した。

高塚　猛――「オーナーごっこ」で王ダイエーを完全破壊

こうつか・たけし――ダイエー。高校を卒業してすぐにリクルートに就職し、叩き上げながら岩手観光ホテルを再建して手腕を認められ、取締役総支配人となる。その後、ダイエー関連のホテルの再建にも成功し、ダイエー球団に球団社長として招聘された。

プロ野球の現場にはいろいろな人が存在している。主役はもちろん選手なのだが、球団を経営し、運営していく場所にはさまざまな経歴を持った人間たちが集まっている。とくに親会社の影響が強くなればなるほど、プロ野球ビジネスの現場にはあらゆるタイプの人間が出入りするようになる。

プロ野球の世界だから、みんな野球が好きで集まっているのかというと、そういうものでもない。あくまでもビジネスの世界で自分の仕事のひとつとして、たまたま野球があったという考え方の人もフロントにはいるだろう。南海ホークスを買収したダイエーが福岡ダイエーホークスとしてようやく結果を残し始めて苦節10年。新球団として初めての優勝を狙える位置にいた1999年（平成11年）に球団社長となり、02年にはオーナー代行としてその座に就いていた高塚猛は、野球を愛するというよりは、ビジネスとして野球にかかわっているというだけの立場だったことは間違いない。

前年の3位を受けて初のリーグ優勝が見えてきていた99年のダイエーだったが、一方では親会社の経営が逼迫《ひっぱく》してきていることが明らかになってきていた。本社では「有利子だけでも2億円近い赤字」が明らかになった。それでも王貞治ダイエーの初めての快挙に向けてチームは一丸となり、選手や首脳陣だけでなく、球団職員やグラウンド整備にかかわるスタッフたちも含めて意識が高まっていた。現場の職員たちは福岡ドーム（現福岡 ヤフオク！ドーム）が連日の満員にもかかわらず上がっていかない給料に不満はあったものの、それ以上にチームの快挙へ向けての意識がまさっていた。

ところが、そんななかで、その長たるべき高塚社長は福岡ドームの関係者ブースで、試合を見るどころか、連日クラブまがいに女性をホステス代わりに呼んでは好き放題の宴《うたげ》を催していた。

それでも王ダイエーは快進撃を続け、小久保裕紀、城島健司、松中信彦、井口忠仁（現資仁）といった王監督の秘蔵っ子たちがその力を発揮し、超攻撃型チームとしてペナントレースを引っ張っていた。そして主軸に故障が見え始めたころになると、打撃陣に引っ張られた形の投手陣が結果を出し始めた。ベテラン工藤公康がリーダーとなり、永井智浩と若田部健一が三本柱となって踏ん張った。2桁失点する試合があっても、ストッパーとしてロドニー・ペドラザが予想以上の活躍をしてなんとか勝利をものにしていく。こうして9月25日、福岡ダイエーホークスとして悲願の初優勝を飾った。

しかし、そんなチームの快挙があっても、球団内部はすべてがお祝いムードではなかった。王ダイエーは日本シリーズを制して日本一になりながらも、オフの契約更改は重苦しい空気が流れていた。優勝のために頑張った選手たちのことを思って王が高塚社長に直談判《じかだんぱん》したが、受け入れられなかった。高塚社長の経営第一主義による徹底した経費節減はチームの成績とは関係ないという発想だった。

勢い年俸の高い主力選手に対しては冷遇した。その結果が工藤のFA宣言での巨人移籍という事態に発展していった。工藤は博多に家族で住むマンションを購入しようとしていた矢先のことだった。

グラウンドキーパーが均《なら》していた福岡ドームのマウンドは営業重視という方向性から若い女の子たちのパフォーマンスショー化されたものになってしまい、職人キーパーの仕事を奪っていった。

それでもダイエーは2000年もリーグ優勝を果たして長嶋茂雄率いる巨人との「ON対決」で日本シリーズは空前の盛り上がりを見せていた。ところが、ここでフロントの大失態が露呈する。当初から日本シリーズが予定されていた期間に福岡ドームを日本脳神経外科学会に貸し出してしまっていたのだった。福岡ドームの社長でもある高塚としては最大のミスだったが、いまさらスケジュール変更などきくわけがなく、注目の日本シリーズは変則日程で行われる運びとなった。

フロントがバタついたダイエーは、王の「勝たなくては意味がないんだ」という意気込みとは裏腹に、フロントそのものの体制というより意識が整っていなかったのだ。その張本人が高塚であった。チームが勝つことに喜びを見出し、楽しみにしているファンにとっては、こういうフロントこそ悪党《ヒール》以外の何ものでもないということであろう。

やがて主砲の小久保が無償で巨人に譲渡されることになって、生え抜きの大砲・松中は「もうこの球団は勝たなくてもいいんでしょうね。勝つ気も薄れました」と嘆いていた。

高塚は企業戦士ではあったが、野球を愛してはいなかったということである。しかも実業界のなかでも高校からアルバイトで日本リクルートセンター（現リクルート）に入った叩き上げだ。そこで能力を評価され、29歳の若さで江副《えぞえ》浩正社長に評価されて関連の盛岡グランドホテルの総支配人に抜擢《ばってき》される。見事にホテルの再建を果たしたが、その手腕は再建王といわれたくらいだ。

高学歴でもなく、叩き上げでビジネスの現場からのし上がってきた高塚である。ただ苦労人だから現場の職人や苦労している人たちの意識を理解しているかというと、その逆だったというのがダイエー球団にとっても不運だった。言葉は悪いが、成り上がりの権力志向の体質だけがどんどん進化してしまったのだ。

経営ノウハウ本を何冊か手がけていた高塚だったが、04年に自身の著書を関連ホテルの全室に置くために1万部を強制購入させていた。また10月には女性社員へのセクシャル・ハラスメント行為が明るみに出て強制わいせつで逮捕されるにいたり、名実ともに悪党《ヒール》となった。こうして球団を含めた関連事業の職を辞し、ホークスそのものも孫正義オーナーのソフトバンクに譲渡することになり、球界を席巻したダイエー球団は16年で幕を閉じた。

小津正次郎――お家騒動を頻発した「オヅの魔法使い」

おづ・しょうじろう――阪神。旧制高松高等商業（現香川大学経済学部）を卒業後、1936年（昭和11年）に阪神電鉄に入社。叩き上げとして出世の道を歩み、78年に球団社長に就任。低迷するチームを再建すべくさまざまな改革を断行するが、数多くのお家騒動を引き起こす。

「伝統の一戦」とは、プロ野球界では巨人対阪神を指す。若い世代のファンなら、両チームは創設時点から互角の勝負を繰り広げてきた永遠のライバルだと思っているだろう。しかし、巨人と阪神が残してきた記録には雲泥の差がある。

1934年（昭和9年）、日本初のプロ野球チーム「東京巨人軍」が創設された。巨人軍は国内でリーグ戦を開催するために、ほかの主要都市のプロ球団設立を提唱し、翌35年に誕生したのが「大阪タイガース」だ。これが現在の阪神の前身になる。

36年から戦争での中断を挟んで49年まで続いた1リーグ制時代は巨人が9回優勝、タイガースは4回優勝（途中、年間複数シーズン制の時代がある）とまずまず拮抗《きっこう》した数字が残っている。だが、50年にセ・パ2リーグ制が始まってからは巨人が34回のリーグ優勝を果たし、22回の日本シリーズ制覇を成し遂げて日本一となっているのに対し、阪神のリーグ優勝は5回で、日本シリーズはランディ・バース、掛布雅之、岡田彰布を擁した85年の1度きりしか制していない。

こうして並べてみると、阪神ファンのみならず、巨人ファンでも驚く数字だ。とくにV9を含めて巨人が黄金期を築いた60年代後半から70年代は毎年2位や3位のポジションが続き、常勝巨人を支える名脇役を演じ続けてきた。ことに73年は久々の優勝に王手をかけながら勝てば優勝というところで中日に足をすくわれ、最終戦で巨人に完敗した。この年は「最後で勝てない阪神」の象徴といえるだろう。

以後はBクラスもめずらしくなくなり、78年には球団創設以来初となる最下位に転落した。この屈辱の年の10月に球団社長に就任したのが小津正次郎であった。

旧制高松高等商業出身の小津は京都大の学閥が強い阪神電鉄のなかで現場から一歩ずつ階段をのぼるようにしながら着実に出世を果たしていった。いうなれば〝叩き上げの星〟だった。

専務取締役となった78年にはタイガースの再建を託される形で球団社長を兼務した。学生時代は野球部に所属し、阪神電鉄入社後も同社野球部でプレーするなど野球への思いは強かった。

小津は就任間もなく当時の〝ミスター・タイガース〟田淵幸一を放出。新生西武ライオンズ相手に田淵、古沢憲司と交換の形で真弓明信、若菜嘉晴、竹之内雅史、竹田和史《まさふみ》の2対4の大型トレードを断行し、関西のみならず全国の野球ファンを驚愕《きょうがく》させた。

また、指揮官として球団初の外国人監督ドン・ブレイザーを招聘した。これはアメリカの合理的な野球スタイルを導入することにより、阪神球団に長年しみついた〝ぬるま湯体質〟を一掃することが狙いだったといわれている。なんといっても阪神は巨人に並ぶ歴史を持ち、関西ではほかの在阪球団を圧倒する人気チームなのだ。

ところが、それがむしろ仇《あだ》となって選手は勝負に徹する厳しさを失い、練習の手を抜くことも日常茶飯事となっていた。小津はその体質の象徴として、太って動きが緩慢になった田淵を挙げ、そのあげくにトレードに出したのだ。

チームを代表する選手の突然のトレードである。当然、阪神ファンからは田淵への同情とフロントに対する怒りの声が沸き上がってきた。田淵の高々と打ち上げる芸術的な本塁打を見たいという阪神ファンは多かった。そんな人たちから小津は総スカンを食らった。こうして就任早々、「悪党《ヒール》」としてのポジションを確立することになってしまったのだ。

さらに同年11月に起こった「江川問題」では、いわゆる「空白の一日」が認められなかった巨人がドラフト会議をボイコットすると、阪神が江川を1位指名。4球団競合でくじを引き当てて交渉権を獲得した。そして翌年1月31日、キャンプ地に向かおうとしていた巨人・小林繁と電撃トレードという形で江川を手放し、実績十分の巨人の若きエースの獲得に成功したのはあまりにも有名だ。

この事件では江川が最大の悪党《ヒール》となり、小林は悲劇のヒーローとして人気者になったわけだが、巨人と阪神の間で秘密裏に行われた交渉はブラックなイメージを増幅させた。その張本人のひとりが小津だった。こうして、その悪党《ヒール》度がさらにアップした。

小津の不幸は、これだけの大改革を行いながら、すぐに結果に結びつかなかったことであろう。79年は4位に終わり、翌年のシーズンには開幕1カ月でブレイザーが辞任することになる。それを受けて中西太ヘッドコーチが監督に昇格したが、結果的には5位と低迷した。さらに81年にはブレイザーとは対照的な中西の前時代的な野球理論が一部選手から反発を招いた。江本孟紀《たけのり》の「ベンチがアホやから野球ができへん」発言が飛び出すなど、お家騒動が頻繁に起こった。

その後も阪神は低迷を続けていくことになる。結局、小津自身も84年シーズン後に社長を辞任した。社長在任中の最高成績は3位と、ひいき目に見ても成功したとはいいがたいものだった。

しかし、トレード1年目に22勝を挙げて沢村賞を獲得した小林、同年に初の本塁打王を獲得して田淵に代わる阪神の顔となった掛布の登場など、阪神ファンを楽しませる土壌をつくったことはたしかだ。また、79年のドラフト会議では6球団競合の末に岡田を獲得するなど運の強さも目立った。

名前をもじって「オヅの魔法使い」とも呼ばれた小津である。悪党《ヒール》を演じながら阪神球団とファンに魔法をかけ続けたことだけは間違いない。

久万俊二郎——それでも2回の優勝を実現した「暴君」

くま・しゅんじろう——阪神。東京帝国大学（現東京大学）法学部を仮卒業後、第二次世界大戦では海軍将校として戦う。戦後の１９４６年（昭和21年）に阪神電鉄に入社。82年に社長に就任し、84年に球団オーナー、92年に会長に就任。

いつしかお家騒動が定番となってしまっていた阪神。いうなれば、その伝統を引きずりつつも新しいトラを模索したのが久万俊二郎だった。毎シーズンのようにお家騒動が絶えなかった１９８４年（昭和59年）オフから２００４年（平成16年）まで阪神タイガースのオーナーの座にあった。

就任した翌年には伝説の「バックスクリーン３連発」を放ったランディ・バース、掛布雅之、岡田彰布らの活躍で阪神は19年ぶりのリーグ制覇、初の日本一に輝いた。これだけを見ると、久万は就任早々に結果を出した成功者という印象が強い。ところが、その栄光も一瞬の瞬きだったということになる。その後の阪神は長い低迷と伝統のお家騒動を繰り返す無為な時間を長く続けた。

冷静に分析すれば、85年の優勝もなるべくしてなったものではなかった。

84年シーズンが終了すると、2年連続Bクラスの責任を取る形で安藤統男《もとお》監督が辞任。当時、球団社長として辣腕を振るっていた小津正次郎は同じ在阪球団の阪急と近鉄を弱小チームから優勝させた闘将・西本幸雄の監督招聘に奔走した。ところが、このプランは実現しなかったのだ。その責任を取るような形で小津は社長を辞任。そして西本の招聘に失敗した阪神は結局、さまざまな意見が飛び交ったものの、新監督には比較的無難なところで吉田義男が返り咲いた。

小津が西本の招聘を目指した理由は、長年低迷を続ける阪神を土台から鍛え直すことだったと思われる。同じような目的から小津は79年にドン・ブレイザー監督を呼び、アメリカの合理的なベースボール理論を導入しようとした。しかし、その試みは、わずか1年あまりで頓挫してしまった。

とりあえず85年は吉田体制となった。西本の擁立に失敗して辞任した小津はもちろん悔やんでいただろうが、久万はどのような期待を新体制に懸けていたのだろうか。真意はわかりかねるが、シーズン前に吉田の口から出てくる言葉には、「今年は土台づくりや」というものが多かった。

70年代後半から80年代にかけて、優勝争いどころかAクラスさえ定位置でなくなりつつあり、〝ダメ虎〟といわれていた時代である。それだけに当然ながら吉田も就任即優勝などとは想像すらしていなかったはずである。

しかし、吉田阪神は4月17日に甲子園球場で巨人の槙原寛己から「バックスクリーン3連発」を放って圧勝すると、あれよあれよと快進撃を続けていった。こうして気がついたら日本一に駆け上がっていったのだ。これは阪神圏の経済を一気に盛り上げるなど大きな功績を残したといわれた。もちろんファンは喜びに沸いた。大阪の街は大騒ぎになった。

ただ、これで結果的に「土台づくり」は棚上げとなった。翌年も「優勝を狙うチーム」として戦わざるをえなくなった。これは長い目で見れば阪神にとっての不幸だった。もともと土台が固まっていなかったチームである。阪神は2年後に最下位に転落。以後、92年に奇跡的な優勝争いを演じるがヤクルトに敗れ、万年最下位の〝暗黒時代〟に突入していったことは周知のとおりだ。

この間、お家騒動が頻繁に起こった。たとえば87年には、かつての「若虎」の勢いを失った掛布が酒気帯び運転で事故を起こした。そして、この事故に対して久万が放った「うちの四番は欠陥商品」の言葉が世間を騒がせた。もちろん非は掛布にあるわけだが、国民の憧れの存在であるプロ野球選手を「商品」呼ばわり。しかも「欠陥」と物のように扱って亡くなるまで球団への復帰を認めなかった久万に、世間は非情なビジネスマンというイメージを確立。それは、いまでいえばパワーハラスメントといえるものとして捉えられていた。とくに阪神ファンは低空飛行を続けるチームへの不満も相まって、久万を大悪党《ヒール》として捉えた。

翌88年には、85年の優勝の立て役者で三冠王を2年連続で獲得したバースの長男が重病になったことへの対応がもつれ、意見が合わなかったバースをシーズン途中で解雇することになった。掛布への発言をはるかに超えるこの非情な措置に、阪神フロントへの大非難が巻き起こった。あげくに古谷真吾球団社長が投身自殺する事態にまで発展してしまった。こうして久万の悪党像《ヒール》がさらに増幅していく。

トラブルはまだまだ続いた。その後も中村勝広、藤田平監督を次々に解任。しかし、監督は代われど最下位の定位置は変わらなかった。すべてが空振りとなった久万の人事采配は目を覆うばかり。その姿は「関西の暴君」でもあり、「裸の王様」のようでもあった。

98年オフ、ヤクルト監督を勇退したばかりの野村克也を監督に迎えたあたりから久万の球団運営に一貫性が出てきたといわれている。野村の在任3年間はすべて最下位だったが、その後任に、これまた中日監督を勇退したばかりの星野仙一を据え、2年目に見事優勝を果たした。世間では「野村が土台をつくり、星野が花を咲かせた」と見る向きが多かった。いずれにしても久万の人事戦略がやっとヒットした瞬間であった。

だが、久万は04年に巨人の渡邉恒雄オーナーが牽引した「1リーグ制構想」で巨人の肩を持ったかと思うと、世論に押されて意見を変えるなど迷走。さらには先述の明治大・一場靖弘への「現金支給問題」が明るみに出て、渡邉らと歩を合わせるようにオーナーの座を退いた。

結局、数々のスキャンダルとともに、つねに悪党《ヒール》として歩んだオーナーの道だった。それでも50年の2リーグ制スタート後、5度しかないリーグ優勝のうち2度を自身のオーナー時代に達成した事実は野球史に永遠に残る。

松園尚巳——宿敵・巨人の優勝を願う「大失言」の真相

まつぞの・ひさみ——ヤクルト。長崎出身で法政大専門部を中退後に長崎ヤクルトを設立。その後、関東ヤクルト製造を設立し、1967年（昭和42年）にヤクルト本社の社長に就任。69年に産経新聞社からサンケイアトムズを買収してオーナーとなった。

プロ野球の発展にはメディアの存在を欠かすことはできない。それは、その最たる存在といっても過言ではない読売ジャイアンツが盟主として君臨している例を見るまでもない。また、プロ野球の歴史を見ても、創立当初から球団は電鉄系とメディア系が分け合うようにして球団を保有してきた。それは球場に観客を運ぶ「足」としての部分としての電鉄と、ファンに情報を提供する「目」と「耳」としてのメディアの存在ということがいえるのであろう。

歴史からいえば、その後の2リーグ分裂で球団が増えていった時代には、市民球団の広島は特異な形として、個人の大金持ちが球団を保有したこともあった。ところが、やがて当時全盛を誇った映画会社が電鉄系とメディア系に加わっていく形となった。

そんなプロ野球の歴史だが、セ・リーグでは電鉄系としては阪神と並んで国鉄スワローズが存在していた。国鉄そのものはエース金田正一を擁していたものの、弱小球団であったことは否定できなかった。わずかに1961年（昭和36年）に3位になったものの、万年Bクラスという存在だった。

そして、やがてメディア系の産経新聞社が参加するが、チーム成績も経営そのものも決して芳しくなかった。63年ごろからフジサンケイグループが球団経営に参画し、65年には「サンケイ」を名乗るようになるが、やがてグループ事業の見直しのなかでサンケイスワローズはサンケイアトムズ、アトムズとチーム名を変えていった。その間に乳酸菌飲料のヤクルトが全国販売を行っていくという事業拡大とリンクしていくような形となってフジサンケイグループから球団経営権を譲渡してもらい、70年からはヤクルトアトムズとなった。74年からは国鉄時代の歴史を踏襲しているということを意識として広めていくことも含めてヤクルトスワローズとなり、現在にいたっている。

また、背景としてのメディアはいまでもフジサンケイグループと提携関係にある。スポーツ報知＝巨人、中日スポーツ＝中日といったようにお抱えメディアとまではなっていないものの、ヤクルトファンにはいまでもサンケイスポーツが愛読紙だという意識が強く残っている。

そんなヤクルトの球界進出の初代オーナーがヤクルト本社の社長でもあった松園尚巳だった。ここまでのヤクルトスワローズ誕生までの経緯を見るかぎりでは、松園オーナーは功労者でこそあれ、決して悪党《ヒール》という存在ではないはずだ。それなのに、なぜヤクルトの初代オーナーが「悪党《ヒール》列伝」に名を連ねてしまったのだろうか。

それは、たったひと言、本音とも本心とも取れることを吐露してしまい、それが「弱くても応援し続けている、東京人としての自負を持ったヤクルトファン」（創設時からのヤクルトファン）の意識を逆なでしてしまったからである。

長崎県五島列島出身の松園は、上京して法政大工業学校から法政大専門部に進んでいるが、中退して長崎市で乳酸菌飲料のヤクルトの販売を始めたのが事業家としてのスタートとなった。その後、再び関東に戻り、関東ヤクルトなどを設立している。当初からヤクルトは化粧品の女性販売員の宅配サービスシステムと同様の手法で、健康にいいという触れ込みで乳酸菌飲料を宅配しながら拡張してきた。

こうしてヤクルト本社そのものが会社組織として拡大していったのだが、そもそもヤクルト本社が球団経営に参入したのは積極的な形ではなく、当時の親会社のフジサンケイグループが経営の見直しを図ったことからだった。業績の立て直しを図るため、一部株式をヤクルト本社に売却したことからフジサンケイグループとのかかわりが生じるようになった。こうしてヤクルト本社がプロ野球の球団経営にかかわっていくことになった。

だからヤクルト本社としては必ずしも「スワローズ（アトムズ）こそ、わがチームだ」という意識があってのものではない。そういう下敷きもあったから、「何がなんでもわがチームが勝たなくてはいけない」という認識ではなかった。

ただ、球団経営ということを考えると、プロ野球人気を引っ張ってきた巨人戦の観客の入りは特別だった。ましてや巨人が優勝を争っていればファンは喜んで客足も伸びた。そんなところから、もともとプロ野球といえば巨人という発想だった松園は、思わず「巨人が優勝すれば、うちは優勝しなくてもいい。うちが巨人に勝つとヤクルトが売れなくなる」という趣旨のことをメディア関係者がいる前で、半ばオフィシャル的に漏らしてしまったのだ。

もちろん、マスコミはこぞってこの発言を批判したり揶揄したりした。もっと厳密にいえば、オーナーみずからが敗退行為を示唆しているとも取られかねない失言ではないかという問題にまで発展しかかった。

もっとも松園としては、そんな気は毛頭なかった。むしろ「巨人のおかげで観客が入っているのでありがたい」ということを伝えたかっただけなのだろう。ただ「江戸っ子の誇り」という意識で東京のヤクルトを応援しているファンや、反権力を掲げて「アンチ巨人」を標榜《ひょうぼう》する人たちにとっては、「オーナーがそんなふうだから勝てないんだよ」ということをあからさまに口にする者もいた。76年オフには巨人キラーの浅野啓司投手を巨人にトレードしたことが物議を醸した。

それでもヤクルトは76年シーズン途中に監督に就任した広岡達朗のもとでチームの体質改善が進み、78年には球団創設後初優勝を果たし、日本シリーズも制して日本一の座に就いた。もっとも神宮球場は学生野球優先ということになっており、日本シリーズは後楽園球場が使用されている。いまでは考えられないことかもしれないが、ヤクルトは日本シリーズに出場することを想定していなかったということである。

サンケイというマイナー球団を救ったともいえる松園オーナー。しかし、悪党《ヒール》の要素は十分あったのだ。

永田雅一

――映画界から球界に貢献した稀代の興行師

ながた・まさいち――大映→大毎・東京・ロッテ。京都府出身。大倉高商（現東京経済大）を中退後に日活京都撮影所に入所。その後、第一映画社を創業（のち解散）、新興キネマ京都撮影所所長、大日本映画製作（大映）社長に就任し、プロ野球球団も所有して一時代を築く。

映画全盛期のプロデューサーであり、映画会社社長としての言動が「永田ラッパ」の異名を取るほど派手で浮き沈みが激しかったことで、事業家としては悪党《ヒール》というイメージが根強い。しかし、プロ野球球団のオーナーとして見れば、もちろんワンマンオーナーとしての側面もあったが、球団を愛し、プロ野球を愛していたということからいえば、必ずしも悪党《ヒール》ではあるまい。そんな存在だが、昭和という時代を駆け抜けた豪傑であることは間違いない。そして、そんな男が走り抜けていった道筋のひとつに大映スターズ、大映ユニオンズ、大毎オリオンズ、東京オリオンズ、ロッテオリオンズというプロ野球チームが存在していたのだ。

映画界は1958年（昭和33年）をピークに60年代前半まで娯楽のトップ産業として栄えていく。松竹、東宝、東映、日活に大映と新東宝があって5社とも6社ともいわれた。その時代のプロ野球球団の多くを映画会社が所有していたことを考えれば、その栄華をイメージできるであろう。ちなみに東宝の親会社は阪急であり、日活以外の映画会社が球団を持っていた時代があったということになる。

大映もそのひとつである。大映が正式にプロ野球ビジネスに参入していくことになった背景には、永田雅一社長がハリウッドの映画ビジネスに参戦するにあたっては自身のステータスが高くないといけないと判断したからだ。そして当時のアメリカのビジネス界における名誉のひとつとしてプロ野球球団の所有があったのだ。永田はその発想で当時、戦後復興のなかで庶民の活力を与えるひとつとして魅力的な存在になりつつあったプロ野球に参入していった。

映画が娯楽産業の王様であった時代、映画会社の社長は事業家として最も華やかな存在であり、当時、2リーグ制を前にして球団増加に向けて球界が動いていた時代であった。永田は金星スターズを買収し、大映スターズを誕生させた。のちにライバルの東映は東急からフライヤーズを吸収していく。

映画畑の人間で、すべてを映画のために注いでいくスタイルの永田だったが、もともと野球が好きだったということもあって球団経営にのめり込んでいった。50年からプロ野球は現在の2リーグ制がスタートするのだが、東映、阪急などとともにパ・リーグの主役を目指した。スタート当初は両リーグ8チーム制となっていたが、永田はパ・リーグの総裁に就任してプロ野球界でもその存在を強く示していくようになった。

やがて球界再編成で6チーム制となるが、なかでも脆弱《ぜいじゃく》だった高橋（トンボ）ユニオンズを吸収合併し、さらにはメディアの老舗である毎日新聞社が所有していた毎日オリオンズと対等合併して大映スターズ、大映ユニオンズ、大毎オリオンズと変遷していくものの、オーナーとして君臨し続けた。毎日新聞社と対等の位置づけだったが、「大毎」というネーミングを提案して大映の「大」を上に持っていったことでその位置を示した。

こうして新球団の大毎は58年にスタートするのだが、結成3年目に西本幸雄監督を招聘してリーグ優勝を果たす。永田オーナーとしても初めての優勝だった。しかし、セ・リーグを倒しての日本一という思いで挑んだ日本シリーズでは三原脩監督率いる大洋に4タテで敗れた。怒りに震えた永田はリーグ優勝したにもかかわらず西本を解任。この一件で永田のワンマンぶりがクローズアップされてきたのだが、映画界の人たちはその独断ぶりを十分に承知していたので、「さもありなん」という様子で静観していた。また、折しもこの時期に毎日新聞社が球団経営から徐々にフェードアウトしていき、永田の球団オーナーとしての立場はより独善的になっていった。当然のように現場への口出しが多くなっていった。

しかし、一方では荒川区南千住に東京スタジアムを建設してホームグラウンドにするとともに、当時人気では巨人のいるセ・リーグに劣りつつあったパ・リーグの人気を盛り上げるべく尽力した。パ・リーグ球団にメディア系の会社がないことも影響していると考え、かねて交友のあった児玉誉士夫《よしお》がオーナーを務める東京スポーツ新聞社の経営にもかかわって、記者席に同紙の名を連ねさせた。

そんな努力を重ねていたが、東京オリンピックで一気に家庭にテレビが普及していった64年ごろから本業の映画産業のほうの下降傾向が著しくなっていった。さらに山本富士子、田宮二郎といった生え抜きスターの造反や勝新太郎の独立など永田王国の本体が揺るぎかかっていた。それに拍車をかけたのが69年に稀有の時代劇スター市川雷蔵が若くしてガンに冒されて他界したことだった。

当然ながら球団経営は悪化し、新たなスポンサーを探し始めていた。そして政治家との強いつながりのなかから当時、一社で歌謡番組などのスポンサーにもなっていたロッテの重光武雄とつながって、ネーミングライツでなんとかチームを存続させることができた。

70年シーズンにロッテオリオンズとしてリーグ優勝を果たす。永田が私財を投じたとまでいわれてつくった東京スタジアムで永田は万感の思いで宙に舞った。多くのファンは本体の経営が苦しいなかでもプロ野球への思いを忘れないでいたオーナーを心から支援した。永田は悪党《ヒール》ではなかった。そこでは完全なるヒーローだった。

しかし、その1年後の冬、大映本体は東京地裁から破産宣告を受けて倒産することになった。銀座二丁目の大映本社前には多くの組合員が集まって、経営者の永田を罵倒していた。永田は1年前の胴上げに舞ったときの涙とはまた異なった無念の涙を流した。

大映の倒産はそのまま映画産業の衰退の象徴として、日本の芸能文化史に残るものとなった。その10年後に大映再建に名乗り出た徳間書店の徳間康快《やすよし》が大映の版権などすべてを含めて買い上げて新制の大映を発足させた。その第1期生として入社したのが、この私、手束仁である。そしていま、野球を伝えるメディアの端くれとして、こうしてものを残す立場になったことに奇妙な縁を感じているのだ。

鈴木龍二――正力との縁で活躍した「球界の大岡越前《えちぜん》」

すずき・りゅうじ――セ・リーグ会長。職業野球創成期に大東京軍（ＤｅＮＡの前身のひとつ）の代表として日本職業野球連盟の結成に参画。以来、日本野球連盟会長、セ・リーグ第３代会長を１９５２年（昭和27年）から32年間務めて、その間に勲三等瑞宝章などを受章した。

日本のプロ野球は創成期からメディアと強いかかわりを持っていた。というより、正確にいえば、「かかわりを持っていた」程度のものではなく、メディアが野球社会をつくり、メディアが野球を育ててきたといっても過言ではないのだ。

昭和初期、まだテレビが世の中に存在していない時代にラジオとともに最大のメディアといっても過言ではなかった存在の新聞社が、広く多くの人に社会の動きを伝えていた。それだけではなく、芸術や文化といった面も含めて、人々の暮らしのなかに大きな影響を与えていた。スポーツも文化のひとつであるという意識はその当時からあったのだろう。だからプロ野球の世界でも、新聞が創成期から発展に大きくかかわってきたのである。

いまの東京工業大の前身である東京高等工業を卒業した鈴木龍二はその後、国民新聞社に入社し、政治部や社会部の記者を務めていた。政治部や社会部が新聞社の中枢であるという構図はいまも昔も変わらない。その時代に読売新聞社の正力松太郎と出会ったことが、その後の鈴木の人生を大きく変えていくことになる。正力は読売新聞を大衆的な大新聞にすることを目指していた。

在籍していた国民新聞社が、当時は比較的さかんに行われていた新聞合併などの流れで、中日新聞の前身となる新愛知新聞社の傘下として吸収されていくことになる。それになじみ切れなかった鈴木はこの流動的な時期に退社して時事新報社に移籍するが、ほどなくそこも退社。そんな時代に読売新聞社が大日本東京野球倶楽部を組織して日本で最初の職業野球団（プロ野球の前身）を組織した。中心となって音頭を取ったのが読売新聞社の社長となっていた正力だった。ただ、いまでいう日本代表のような形のチームだけでは成り立たないわけで、当然のことながら対戦相手が必要になってきた。

野球リーグ結成の気運が高まっていったこともあって、大阪や名古屋にそれぞれ球団が発足した。大阪は阪神電鉄、名古屋は新愛知新聞が親会社となって球団を設立した。そして1936年（昭和11年）になると、さらに相次いでチームが設立されていき、国民新聞社も大東京軍というチームを持つことになった。巡りめぐって鈴木がその大東京軍の球団常務を任されることになった。こうして一新聞記者だった鈴木が野球とかかわっていくことになった。

もっとも、一記者とはいえ当時は軍の機密や社会の動きに関して最も敏感な立場であっただけに、その人脈は豊かだった。職業野球の普及に尽力していきたいという意向の正力ら職業野球団関係者が鈴木の人脈を頼っていったことも大きかった。当初、鈴木本人はそれほど野球に傾倒していたわけではなかったが、組織運営のおもしろさはあったのだろう。やがて日本職業野球連盟結成の中心的人物となり、理事を務めた。

一方で戦火が激化していく日本は、やがて職業野球どころではなくなり、野球そのものも敵国のスポーツとして軍から弾圧を受けていくことになる。いったん時代の流れのなかで職業野球の火は消えていくのだが、いち早く戦後復興の起爆剤となったのは野球だった。

戦後すぐに日本野球連盟が復活すると、鈴木は会長に就任して、野球の活性化が戦後の日本を力強く復興させていく原動力になるのだと強く説いた。現実に野球大会の復活は目覚ましく、中等野球も学生野球も社会人の都市対抗野球も、すぐに復活し始めた。職業野球もその流れに乗って勢いを増していった。

そして戦後4年目の49年に日本野球連盟総裁となっていた正力が「2大リーグが並行してこそ日本のプロ野球は大きく発展する」と記者会見で述べた。これが2リーグ制への引き金となったのだ。

こうしてプロ野球は50年から2リーグ制になった。鈴木自身は52年にセ・リーグ会長に就任するが、以来32年にわたって会長職を務めることになる。長きにわたって職務を続けていくうちに、当然のことながら、さまざまな事件が起きていくものだ。組織の発足から発展期を経て円熟期に至るまでの間だけに試行錯誤もあったであろうし、トラブルが起きるたびに矢面に立たざるをえなかったこともある。そのたびに悪党《ヒール》となったり、大岡越前のように奉られたりということになる。

そんななかで最大の裁定だったのは、78年に起きた江川卓と巨人がドラフト会議の前日に契約した、いわゆる「空白の一日」事件だが、その契約申請を会長として却下し、毅然《きぜん》とした態度を取った。多くのファンからは称えられたが、一部の巨人ファンからは悪党《ヒール》視された。

また、会長時代に鈴木が尽力したのは、69年に野球賭博が発覚した「黒い霧事件」

の影響もあったのだろうが、いわゆる反社会的勢力との断絶だった。社会部記者時代には「カミソリ龍二」というニックネームを与えられていた。それは当時、社会の暗部や軍の機密事項などのアンタッチャブルゾーンに鋭く切り込んでいったからである。そんな記者魂はセ・リーグ会長という組織の長となっても生きていたのだろう。

70年6月には阪神の江夏豊に対して、71年には大洋の選手とコーチに対して謹慎処分を科すなどの裁定を下している。相手に有無をいわせずズバッと判定を下す潔さ。これは江川の「空白の一日」事件のときも同じだったのだが、その冷徹ともいえる裁きに、これぞ正義として称賛する人がいたのもたしかだ。

しかし、その一方で、情実で物事が進んでいくことが多い日本社会でもある。「会長の権力を行使しすぎて厳しすぎる」という意見が出たくらいだ。このあたりが32年間も会長職を務めながら悪党《ヒール》視されるところなのかもしれない。もっとも組織の長として長い間その座にいれば、自分ではボトムアップ体制を取っているつもりでも、受け入れる側にしてみればトップダウンのワンマン体制のように感じてしまうことがある。それでも正力がプロ野球の生みの親だとすれば、鈴木が育ての親だということはたしかである。

金子 鋭——江川に翻弄された悲運のコミッショナー

かねこ・とし——コミッショナー。東京大卒。富士銀行（現みずほ銀行）で頭取、会長を務めた。日本野球機構のコミッショナー委員を務めたあと、第6代コミッショナーに就任したが、78年に起きたドラフト史上最大のトラブルといわれた江川事件の責任を取る形で辞任している。

金子は東京帝国大を卒業後に安田銀行（のち富士銀行、現みずほ銀行）に入行すると出世街道をのぼり、頭取、会長を歴任。日本でも屈指の規模を持つ銀行でトップに立ったことになり、バンカー人生としては頂点をきわめている。

その手腕を買われて1965年（昭和40年）にはコミッショナー委員に選出され、プロ野球界とかかわることになる。76年には第6代のコミッショナーに就任。プロ野球全体を代表して管理と統制を行う、いわば「球界の番人」である。コミッショナーが下す裁定は絶対的なものとなる。

プロ野球界で大きな問題が発生した場合には、みずからの手で「決断」し、収拾を図らなければならない。とはいっても球界を揺るがすようなトラブルはそう多く発生しないものなのだが、金子の悲劇は在任中に2度にわたってトラブルに見舞われてしまったことだ。しかも、そのたびにトラブルの矢面に立たされて、好むと好まざるにかかわらず悪役を演じさせられたことにある。

1度目は任期3年目の78年10月22日に後楽園球場で起こった。その年のプロ野球の日本一を決める日本選手権シリーズの最終戦。この試合の勝者が覇者となる大一番である。両リーグを代表するチーム同士の戦いだけに、選手も首脳陣もファンもヒートアップするのは当たり前である。ところが、いささか過熱したのか、前代未聞の出来事が起きてしまった。打球そのものが微妙だったことに端を発している。

詳細は上田利治の項で述べたが、日本シリーズ史上最長の抗議となった大杉勝男のホームラン判定である。判定に対する抗議は肯定されるべきことではないが、もう負けられない真剣勝負の最終戦。現場の指揮官としては、どうしても引けないところもあろう。しかし、一方で、運営側としてはゲームを進めなくてはいけない。その間に立つ責任者としては苦しい立場である。しかたなく球界の最高権力者として金子がみずから上田の説得に立つことになった。

金子にとって運が悪かったのは、中継を担当していたテレビスタッフがベンチギリギリまでガンマイクを近づけ、説得の様子を音声として捉えようとしたことにあった。

「審判を代えてくれ」の一点張りの上田に対し、怒りを必死にこらえ、冷静さを装いながら「コミッショナーが頭を下げてもダメか？」とつめ寄る金子。本人にすれば早期の試合再開を実現するための必死の説得だったのだろうが、上田が立場が上の者から恫喝《どうかつ》を受けているように捉えた向きが多かったはずである。コミッショナーの立場としてはそうせざるをえなかったという事情があるにせよ、人は権力のある者が強くものをいうと、それだけで反発を感じるものである。一般の野球ファンに思わぬ形でマイナスイメージを植えつけることになった。

それからわずか1カ月後、さらに球界を激震が襲った。いわゆる「江川事件」である。法政大4年だった前年にクラウンライターのドラフト指名を拒否して留学のため渡米していた江川卓は急遽帰国する。ドラフト会議で交渉権を得た球団が選手と交渉できるのは翌年のドラフト会議（この年は11月22日）の前々日までとされていた当時の野球協約に則って、巨人はドラフト会議の前日の「空白の一日」である21日に江川と電撃的に契約を結んだのだ。

協約の盲点を突いた巨人の戦略は見事だったが、これを許せばドラフト制度は骨抜きとなる。当時のセ・リーグ会長の鈴木龍二は巨人との契約を無効とした。これに巨人が猛反発し、翌22日のドラフト会議をボイコットした。

会議では巨人への抗議の意味合いで4球団が江川を1位指名し、抽選の結果、阪神が交渉権を獲得した。巨人はドラフト会議の無効を主張し、セ・リーグ脱退をもちらつかせた。12月中旬になっても翌年の試合スケジュールを組めない異常事態となった。プロ野球は存亡の危機を迎える。

金子はドラフト会議の結果を有効として阪神の江川に対する交渉権獲得を認めると一度は発表した。ところが直後のプロ野球実行委員会において、「江川には阪神といったん契約してもらい、その後、巨人にトレードして入団してもらう」という「強い要望」を発表することになる。これが、やがて物議を醸していくことになった。

結果として巨人と江川のゴリ押しを認める決定となった。金子が巨人ファンで、過去に財界の巨人後援会である無名会の会長であったことなどもあって巨人寄りの裁定を下したとして、世論からバッシングを受けることになった。もちろん本人にはそんな思いはなく、この騒動をどう鎮めるのか、それに向けて最良の策は何かというところからのものだったはずだ。しかし、その思惑とは異なった形で世論が動き出したのだ。日本シリーズのときと同様、その立場によって多くの人々にそのように思い込まれてしまった。

江川をめぐる騒動は「(江川を)トレードには出さない」と明言していた阪神の球団社長・小津正次郎が発言を覆したことで、さらに大きくなった。結局、翌年に巨人の主力投手である小林繁とのトレード(契約上は金銭トレード)という形で江川は巨人入団を果たすことになった。

金子は事件の責任を取ってコミッショナーを辞任。上田の抗議をはねのけた件も、江川事件も、プロ野球の面子《メンツ》を守るための妥協案であった。金子の行為は正当であり、文句をいわれる筋合いではないのだが、元バンカーらしくまじめに対応した結果、避難や批判を一身に浴びる形となってしまったのは不幸としかいいようがない。

コミッショナー辞任から3年後に、金子はこの世を去っている。

根本陸夫――つねに表裏を感じさせた「球界の寝業師」

ねもと・りくお――クラウンライター・西武→ダイエー。日大三、日大専門部、法政大、川崎コロムビア、近鉄を経て、引退後はスカウトを務める。広島、クラウンライター・西武、ダイエーの監督も務めるが、むしろフロント入りしてからその手腕を発揮。時に強引なやり方で「球界の寝業師」とも呼ばれた。

プロ野球にドラフト制度が導入されるようになったのは１９６５年（昭和40年）からである。導入の目的は有力新人選手獲得のための契約金の高騰と、一部の人気球団に有望選手が集中することを避ける戦力の均等化だった。

しかし、規定をつくれば、その規定の裏をかいてなんとか自分のチームに有利にことを運ぼうと考えるのが人間のつねである。そこでお金を前面に出していわゆる「札束で面《つら》を張る」方法でやるところがあれば、さまざまな手法を講じて隙を突いてくるところもあった。もちろん当然のことながら、その技を画策する人物も現れるのである。

潤沢な資金で選手獲得に札束攻勢をかけてきた球界の盟主・巨人に対して、つねに対抗していく意識を前面に出していたのが、西武の監督から球団取締役管理部長としてフロント入りした根本陸夫だった。

根本は選手や監督としての実績より、その後に球団フロントに入ってからの活動のほうがはるかに有名になった。もともとは日大三時代の恩師でもある藤田省三の影響が強い。藤田は東京六大学審判や法政大監督を経験しながら2リーグ創設時に近鉄の監督に就任している。そして根本は茨城中から転校して日大三時代に指導を受けたのだが、戦争から復員後は日大専門部に進んでいた。それが法政大監督となっていた藤田にすすめられて転学。法政大では関根潤三とバッテリーを組んでいた。

卒業後は当時、社会人野球の強豪として華々しく活躍していた川崎コロムビアに進んだ。しかし、プロ野球が2リーグ制となった3年目の52年に当時近鉄監督となっていた藤田に誘われて近鉄に入団し、再び関根とバッテリーを組んだ。プロ野球選手としては実働4年で、打率は2割にも満たなかったものの、その後はスカウトとして球団に残った。

さらにコーチなどを経験して選手の育成で手腕を発揮し始め、66年から広島で2年間コーチを務めたあとに監督に就任した。戦力としては必ずしも整っていたチームではないものの、就任した年に3位になり、球団として初のAクラスに導いた。指揮官としての根本の手腕が評価されたが、その後は苦戦。それでも監督を4年半務めた。その後も球界で一家言ある存在となっていったが、かつての名門・西鉄ライオンズが身売りをして太平洋クラブ、クラウンライターとネーミングライツを変えていきながら苦戦しているなか、77年にクラウンライターの監督に就任した。

2リーグ制スタート当初は南海と並んでパ・リーグの雄ともいえる存在だったライオンズをなんとか復活させたいという思いが強かった。そんな根本クラウンライターを西武鉄道グループが買収して、本拠地を福岡から埼玉県所沢市に移動することになった。

根本はこのチャンスを生かそうと考えた。監督としてというより、その先を見据えた認識で大型補強に奔走した。その目玉が阪神の看板スターだった田淵幸一の獲得だった。古沢憲司もあわせて獲得し、真弓明信、若菜嘉晴、竹之内雅史といった生え抜きと竹田和史を放出した2対4の大型トレードだった。さらには1番くじを引いたドラフト会議では巨人入りを熱望していた法政大の江川卓を敢然と指名。その後に起こる「江川騒動」の引き金を引いている。

81年シーズンを最後に監督を辞してフロント入りし、管理部長となった根本は、その年のドラフト会議では熊谷組《くまがいぐみ》入りが内定して全球団に指名お断りの通達を出していた名古屋電気（現愛工大名電）の工藤公康を6位で指名。周囲を驚かせたが、「裏約束は絶対にない。誠心誠意話し合えば、気持ちは伝わる」と語り、最終的には口説き落とした。ことの真相はわからない。

また、この年のドラフト1位は熊本工の定時制から所沢高定時制に転校させていた伊東勤を1位指名。2位は西武グループのプリンスホテルから金森栄治を指名している。プリンスホテルからは前年にも目玉といわれた石毛宏典を獲得している。

このあたりから西武のドラフト指名には「何か裏にある」と思わせるようになってきた。間違いなく根本が何か画策していたことだけはたしかだ。

監督には巨人出身ながら日の当たりにくい存在だった広岡達朗を招き、参謀としては森祇晶をヘッドコーチに据えた。管理野球で選手たちの意識改革を進めていったのだが、本来一匹狼《いっぴきおおかみ》であるプロ野球選手に名刺を持たせるなど意表をついた策を講じていた。

こうして異色の形で西武を球界の盟主としてつくり替えていった。その功績はもちろん高く評価されつつも、ドラフトやトレードに関する大技はつねに「何か裏にある」と思わせるものだった。そのあたりが「球界の寝業師」と呼ばれる所以《ゆえん》でもあろう。

西武の黄金時代を演出していった根本は、それだけでは終わらなかった。今度はもうひとつの老舗球団だった南海が身売りして九州に移転してダイエーとなった5年目、根本自身が監督に就任して2年間現場に出ることでその空気をつかんだ。そして「ONで日本シリーズをやらないか」の口説き文句で、誰もがありえないと思っていた王貞治に巨人以外のユニフォームを着せて監督に招聘することに成功したのだ。

根本の大技はそれだけでは終わらなかった。駒澤大進学を強く打ち出していたその年の目玉、別府大附の大型捕手・城島健司を強行指名して入団にこぎつけるとともに、前年に秋山幸二を移籍させたのに続いて、西武から工藤、石毛らのスター選手を獲得。西武を骨抜きにしていきながら、自身の周辺を着実に強化していった。

そして時間はかかったものの、王ダイエーが5年目となり、根本が球団社長に就任した99年にリーグ優勝を果たして念願の日本一を獲得するのだが、根本はそれを見ることなく4月30日に急死した。

球界にひと波乱もふた波乱も起こし続けてきた男は、最大の大波を見届けることなくこの世を去った。翌年には「ON日本シリーズ」が実現した。

清武英利──「反骨の男」か、それとも「ミニナベツネ」か

きよたけ・ひでとし──巨人。立命館大を卒業後、1975年（昭和50年）に読売新聞社に入社して社会部記者として活躍。中部支社社会部長、編集委員などを経て、巨人軍取締役球団代表兼編成本部長に就任。育成選手制度などを導入したが、いわゆる「清武の乱」で更迭された。

昔から「他人の不幸は蜜の味」といわれるように、よその家のもめごとはおもしろいものだ。それは意地が悪いのではなく、心理学的にいえば人間の持っている内面的な要素として偽らざる気持ちだということなのである。つまり、人というのは他人に対してどこかで優位に立っていたいという心理があるものなのだ。ましてや相手が自分よりいい立場にいたり、重要な立場にいたりすると、知らず知らずのうちに、そんな嫉妬心の裏返しの心理が働いてくるのだ。

その一方で、他人のトラブルを見て自分でなくてよかったと思ったり、自分は気をつけようと思ったりすることもある。それが人間というものなのだけれども、そんな人間臭さは会社組織を見つめる場合とて同じことである。

一般の会社であれば、せいぜいその関連企業しか知りえないような会社の内部事情

なのだが、それがプロ野球球団となるとそうはいかない。ましてや球界でも中心的存在で親会社もメディアの中枢を担っている読売新聞グループの巨人である。必要以上に大きく表面に出てしまい、あげくに社会問題のようになっていってしまうのだ。

２０１１年（平成23年）オフの11月に翌シーズンのコーチ人事が前オーナーである渡邉恒雄球団会長のひと声で覆されかかった。当時ＧＭとして組織上は監督、コーチを含めて人事権のある清武英利は、そのことに対して抵抗を示した。

「確定していたコーチ人事を渡邉球団会長が鶴のひと声で覆した。巨人が球団の経営そのものにかかわるようなコンプライアンスを無視したことを行った」

重要事項を発表すると掲げて記者会見を開いて声明を発表したのだ。自分が決めて確定事項になっていた人事がトップの鶴のひと声で覆ってしまう。そんなことがあっていいものなのかどうか、またそれが社会的な道義として認められるのかどうか。そんなことを広く世に問う形で発表した声明だった。具体的には渡邉球団会長が画策した江川卓のヘッドコーチへの招聘案を阻止しようとするための動きだったのだが、この行動そのものが大きくマスコミで取り上げられた。

球団側は最終的には「渡邉球団会長への告発会見などにより球界そのものを混乱さ

せたこと」を理由として処分を下した。その結果として清武を読売巨人軍のいっさいの役職から解任すると発表した。

これが俗にいわれる「清武の乱」である。

当初はとくにサラリーマンの中間管理職層などを中心として清武が取った一連の行動が強く支持された。いつも上から押さえつけられ、下からは突き上げられている中間管理職層からは「よくぞいってくれた」という称賛の声が多かった。会社で自分の思いや発言を抑えながら、意に沿わなくても会社の決定に従うことが多い中間管理職層としては、ほかの会社のことながらも溜飲の下がる思いだったに違いない。

いいたいことがいえない社会くらい窮屈なことはない、それを誰もがよく知っているからだ。しかし、一方ではいいたいことをいったら、あとは組織の決定に従った行動をするということもまた、会社人として当然のことなのである。反旗を翻したら、そのまま戦い続けると、ろくなことがないということも十分に承知している。

また、その翻った反旗をあたかも正義の印であるかのように振りかざされると、今度はそれが鼻についてくるものである。組織とはそういうもので、人間の思いがからめばからむほど複雑でややこしいものなのである。

やがて、今度は正義の印を掲げた本人が、いつの間にか組織側から悪党《ヒール》として扱われていくようになる。そのあたりの見きわめが難しいところでもある。「清武の乱」は、まさにその象徴的な形になってしまったのだ。だから当初はサラリーマンが味方した清武発言も、やがて支持から批判へと形を変えていったのである。

しかも、この一連の事件を報じた報道機関は、当然のことながら読売グループとライバル関係にある。そういうところにとっては格好のいじりネタとなったこともまたたしかである。それに一部の報道関係者の間では清武ＧＭが巨人関係の記事をくまなくチェックして、自分の意に沿わない内容だったりすると、その担当者を呼び出して圧力を加えたり、場合によっては恫喝されたりしたくらいだから、球界の盟主としての大読売の大巨人という看板を大きく掲げ持っていたと感じさせていたのであろう。

その姿勢に対して、このとき清武が敵としている渡邉球団会長の威を借りていたのではと感じた一部のメディアでは、陰で「ミニナベツネ」などと呼んでいたくらいである。また、巨人軍という組織のなかで決定権を有して、そのトップといっていい位置にいただけに、球団内で清武が知らず知らずのうちに独裁的な匂いを感じさせていたこともあったのではないだろうか。だから巨人という組織のなかにも清武のことを必ずしも快く思っていない者がいたということは察せられる。

実際、桃井恒和球団社長が同日に記者会見を開いてメッセージを発している。

「会見を球団の誰も知らなかった。代表取締役である自分の知らないところであああいう形でやったのでは、逆にコンプライアンスという意味でとんでもない」

岡崎郁ヘッドコーチの留任が覆ったことについては、留任が決まったのはクライマックスシリーズが始まる前で、負けたから状況は変わったとした。そして人事に関しても、「渡邉氏は親会社（読売新聞）のトップで球団の平取締役とは違う。不当な鶴のひと声ではない」と反論している。実際、プロ野球の世界におけるユニフォーム組の人事は背広組のサラリーマン社会の定義がすべて当てはまるものではないということなのであろう。

それでも清武が尽力してつくった「育成選手制度」は、しっかり根づいてきた。組織人としては何かを残せたことは、やはり功績があったといっていいであろう。

赤嶺昌志――選手を守るためには手段を選ばなかった男

あかみね・まさし――名古屋軍→大映・急映・大映。名古屋金鯱軍の代表として日本プロ野球界の草創期から携わり、名古屋軍の理事に就任後、第二次世界大戦の戦況が悪化したときもチームを守り抜いた。戦後は恩顧の選手たちを引き連れ、〝赤嶺一派〟としてチームを渡り歩いた。

プロ野球が日本に根づき、最近にいたるまでナショナル・パスタイム（国民的娯楽）として国民に愛され続けた理由には、チーム配置の地域的なバランスのよさが挙げられる。現在、北は札幌から仙台、首都圏、名古屋、近畿、広島、福岡と日本全国にわたって配置されている。

プロ野球の成り立ちも、1934年（昭和9年）に本格的な職業野球チームとして大日本東京野球倶楽部が誕生。のちの巨人軍を中心に、東京、大阪、名古屋の三大都市圏にチームを持つことを狙った巨人の親会社・読売新聞の正力松太郎が名阪にチーム結成を呼びかけたのが始まりだった。

その結果、大阪には甲子園球場を本拠に持つ阪神電鉄の大阪タイガース、名古屋には新愛知新聞を親会社とする名古屋軍が誕生。ほかにも巨人の首都圏のライバルとしてセネタース、大阪では阪急軍、名古屋では金鯱軍などが参加し、こうして東名阪の大都市を中心とした職業野球が36年にスタートすることになる。

なかでも、やはり日本の首都・東京を本拠とする巨人と商都・大阪を本拠とする阪神の対決は両都市間のライバル心を煽った。戦前はおろか戦後の2リーグ制以降も好敵手として両チームの対戦は黄金カードであり続けている。

東阪に挟まれる形で、その間隙を縫って名古屋を本拠とする中日がときおり両チームを追撃することでさらに盛り上がる……そんな正力の目論見《もくろみ》は当たった。とくに2リーグ創設後の51年から59年までの9年間、セ・リーグの1~3位をこの3チームで独占し、大都市のファンを沸かせた。

だが、巨人がプロ野球スタートイヤーの36年、阪神も37年春季リーグで早々と優勝を果たし、40年まで両チームで1、2位を独占した。これに対し、名古屋軍は両チームに有力選手が集まる状況のなかで低迷したが、中等学校野球部の監督を歴任していた天知俊一が49年に監督に就任して戦力は上向いた。帝京商時代の天知の教え子であるエース杉下茂の活躍などもあり、中日ドラゴンズとなって2年目、創立18年目の54年にようやくリーグ優勝と日本一を果たした。

じつは名古屋軍は終戦2年目の47年に首位から大きくゲーム差をつけられたとはいえ2位に躍進していた。近い将来の優勝も狙える戦力だったのだが、ある人物が主力選手を大量に引き連れて離脱した影響により、再び低迷した経緯があった。

その年のオフ、古川清蔵、金山次郎、小鶴誠、加藤正二、藤原鉄之助、三村勲、藤本英雄らスタメンに名を連ねる主力選手を中心とした12選手とマネージャー1名が球団代表を解任された赤嶺昌志と行動をともにしてチームを退団するという事件が起こった。戦後のプロ野球復活から2リーグ制の導入にいたるまでの球界の混乱を象徴する事件だった。世にいう「赤嶺旋風」である。

赤嶺派として離脱した選手たちの大半は結束して、大映や松竹、さらには広島などプロ野球界に新規参入した球団を目まぐるしく渡り歩く遊牧民のような生活を送った。

小鶴はのちにプロ球界初の51本塁打をマークして松竹の優勝に貢献。金山も俊足を生かして同年に当時のセ・リーグの盗塁記録となる74盗塁でタイトルを獲得。三村を加えた〝水爆打線〟は他チームの脅威となった。

彼らと行動を別にした選手のなかでも、藤本は巨人のエースとして活躍し、古川も阪急のクリーンアップを任されていた。もし赤嶺派の選手がそのまま名古屋軍に残留していれば中日の優勝はもう少し早まったはずだ。

中日球団から見れば、赤嶺の行動はどう考えても許されることではない。だが、戦前にさかのぼって彼の活動を俯瞰《ふかん》してみると、一方的に悪党《ヒール》と見ることは絶対にできない。

名古屋金鯱軍の代表としてプロ野球の草創期から携わっていた赤嶺は、金鯱の親会社・名古屋新聞が名古屋軍の親会社・新愛知新聞と統合されて中部日本新聞となると、名古屋軍の理事に就任した。

辣腕のスカウトとしても知られ、八幡《やわた》製鉄の若手だった小鶴を強引に引き抜いたのをはじめ、古川、金山、藤原、三村、大沢清ら自身の出身地でもある九州や、できたばかりの東都リーグに目をつけ、有力選手を次々と入団させた。彼らの親代わりとして生活の面倒を見ることもあったという。

大戦末期に中部日本新聞が戦況の悪化のため球団の経営から手を引くと、赤嶺は選手たちを理研工業に引き取ってもらい、球団名を「産業軍」とした。44年まで活動を続けたことにより、プロ野球も名古屋軍も終戦後ほどなく活動を再開することができた。正力がプロ野球の生みの親なら、赤嶺は戦争による壊滅の危機からプロ野球を守った恩人である。

しかし、中部日本新聞が再び球団経営に介入するようになり、監督に杉浦清を据えると、赤嶺を慕う選手らが反発し、チーム内は分裂状態となった。親会社に内紛の責任を押しつけられた赤嶺は解任され、彼に同調する生え抜きの選手を引き連れて離脱――これが赤嶺騒動の発端となったのである。

戦時中に一度は球団を手放しながら、平和が戻るとすぐに経営に介入した中部日本新聞のやり方は、敵性スポーツと蔑まれながら命がけで球団を守り抜いた赤嶺にすれば納得できなかったに違いない。もし親会社が赤嶺を重用していたら、中日は巨人に代わって黄金時代を築いた可能性もあった。それだけに惜しまれる。

赤嶺は一時、混乱の責任を取らされて球界を追放されるが、草創期からの活動は関係者に高く評価されていたようで、のちにセ・リーグの総務として復帰。そして日本プロ野球界の〝憲法〟ともいうべき日本プロ野球協約の作成に尽力。晩年まで陰ながらプロ野球の発展に貢献している。一時的に悪党《ヒール》となったが、トータルでは野球界への貢献度が高い存在である。

堀江貴文——球界進出は逃したが、じつは陰の功労者

ほりえ・たかふみ——ライブドア・フェニックス。東京大文学部在学中にインターネット制作、管理、運営の会社を設立し、大学を中退。２００４年（平成16年）に近鉄買収による新規参入に乗り出して注目されるが実現せず。その後も総選挙出馬、逮捕、収監……と波瀾万丈《はらんばんじょう》の悪党《ヒール》人生を送る。

世紀が変わって21世紀に入って日本に現れた新タイプの悪党《ヒール》といえる存在が、ホリエモンこと堀江貴文だろう。

彼の名が全国に轟《とどろ》いたのは２００４年（平成16年）、近鉄が経営不振を理由にオリックスとの合併を画策していることが表面化したときだった。ところが、この動きはたんなる序章にすぎなかったという続きが待っていた、あの一連の動きの時代である。人気低迷にあえぐパ・リーグの球団首脳は水面下でさらなる合併交渉を進め、巨人と同じリーグでプレーする1リーグ構想を描いていることがわかってきた。いうまでもなく、この動きの中心にいたのは当時の巨人オーナーでプロ野球界のドンともいわれていた渡邉恒雄だった。

経営陣が一方的に進める1リーグ構想に対してファンや選手は激怒した。各地で反

対運動が起こり、ヤクルトの古田敦也が選手会長を務めていた選手会も初のストライキを断行するなど激しく抵抗した。「プロ野球再編問題」として世間を賑わせるほど、まさに日本プロ野球史上最大の騒動となっていった。

その渦中に、「それならば私がその球団を維持してあげましょう」とばかりに近鉄買収に名乗りを上げたのが堀江だった。まだ知名度が低かったライブドアというIT企業である（現在のLINEに合併）。世間は「それは、いったいどんな会社なのか？」と興味半分、疑惑半分だった。いずれにしても、このことで青年実業家ともてはやされていた堀江は一気に全国区の存在となっていったが、最終的には球団買収の申し出は拒否された。

すると次は選手会が闘争の末に勝ち取った新規参入のほうに舵を切る。このあたりの切り替えの早さはさすがといっていい。これが東北での新球団構想だった。堀江は「仙台ライブドア・フェニックス」という球団名も用意していた。さらに構想を具体化させるべく、初代監督には90年代に阪神の主軸打者として活躍したトーマス・オマリーの擁立を決めるなど計画は着々と進んでいた。

しかし、寝耳に水のような形で、あとから同じIT企業の楽天が参入に名乗りを上げる。ライブドアと楽天が競った結果、経営基盤でまさっている楽天が新規参入企業に選ばれて「東北楽天ゴールデンイーグルス」が誕生する運びとなったのは周知のとおりだ。楽天は、当初は試合をするたびに負けという屈辱の日々だったが、それを乗り越え、球団創設10年目の13年に悲願の日本一に輝いたことは、あらためて説明するまでもない。

それにしても、こうしたIT企業同士でプロ野球への新規参入を競い合うというところに、まさに新時代の到来を感じざるをえない。かつてはメディアや映画会社、電鉄会社がメインだったプロ野球の親会社である。いつしか、ここにもIT化の波が押し寄せていたのだ。

さて、球団買収、新規参入ともに果たせなかった堀江だが、彼のマスコミへの露出度や世間の認知度は日増しに高まっていった。ただし、そのイメージは「悪党《ヒール》」としてのものだった。

堀江が悪党《ヒール》視された理由は、生意気そうに見える言動、「ドラえもん」をもじったような「ホリエモン」という愛称にもあった。さらには六本木ヒルズで暮らす若きIT長者であることへのやっかみ、また「球団買収も新規参入も本気ではなく、会社の知名度を上げる売名行為ではないのか？」という疑い……などさまざまだった。とくに古参のプロ野球オーナーや関係者などからは売名行為への疑念と、公の場でもTシャツ姿で現れる堀江のスタイルを嫌った発言が多々あった。

プロ野球再編問題が最高潮のころに行われたテレビの討論番組でも、「なぜネクタイをしないいんだ？」と討論のテーマ以外の部分で厳しい言葉を投げかけられていた。そんな空気のなかでも、堀江は「IT企業をはじめ、プロ野球球団経営に興味を持っている会社はたくさんある。経営難の球団をまとめてオークションにかければいい」といった内容の持論を展開して、さらに関係者を激怒させるなど悪党《ヒール》ぶりを見せつけていた。

当時の堀江は、いわゆる大人には嫌われたが、逆に若者には好意を持つ人たちが結構いた。裸一貫から若くしてIT長者といわれるまでにのぼりつめた堀江の姿は、バブル崩壊後に長い停滞を続けていた日本社会のなかで非常に格好よく見えたのだろう。終戦直後の日本には「アプレゲール」と呼ばれる無軌道な行動を取る若者が急増し、その代表的存在として東大生が闇金融業に手を出した「光クラブ事件」というのがあった。その事件の当事者と堀江を比較するマスコミもあった。堀江は間違いなく21世紀初頭の時代の寵児《ちょうじ》となった。

　プロ野球の夢がついえると、自民党から総選挙に立候補して落選、やがて証券取引法違反容疑で逮捕、実刑が確定して収監、13年に仮釈放後は再びマスコミに登場……と現在も話題を振りまいている。こうした堀江の言動を見ても、やはり彼には悪党《ヒール》としての役割が似合う。また、本人も多少それを楽しんでいる節もある。彼のようにあらゆる面から非難できる悪党《ヒール》の存在を国民が求め続けているともいえる。

　そんな悪党《ヒール》論はともかく、堀江が球団買収に手を挙げた結果、渡邉恒雄らの1リーグ構想がうやむやになった事実だけは見逃せない。また、楽天に続いて05年に福岡ソフトバンクホークスが誕生、11年にはＤｅＮＡが横浜ベイスターズを買収するなど、気がついてみたらＩＴ企業がプロ野球のメインになりかかっている。そのＩＴ系企業の球界参入への道筋を拓いたことも功績のひとつだ。

　果たして稀代の若き悪党《ヒール》は本当に悪者なのか。それとも、ある意味でプロ野球を救ったヒーローだったのだろうか。ファッション通販サイトＺＯＺＯＴＯＷＮを運営するスタートトゥディの前澤友作社長が新たに球界参入を宣言したいま、あらためて堀江の動向も気になるところだ。

（了）

執筆協力者紹介

「創部線の会」
ＪＲ総武線沿いに住むクリエイターが中心になって発足。メンバーはライターや編集者、Ｗｅｂ制作者など多岐にわたるクリエイティブ・ユニット。「楽しく話し、楽しく飲み、楽しく創る」が信条。
「創部線の会」Ｗｅｂサイト　http://mimi.sub.jp/sobu/

泉　直樹《いずみ・なおき》
千葉県出身。フリーライター。広告のコピーからルポルタージュまで幅広いジャンルでライティング活動を展開中。著書に『輝け！ファイターズ』（北海道新聞社）など。

藤岡敬三《ふじおか・けいぞう》
徳島県出身。取材記事やコラム、漫画原作執筆など活動中。著書に絵本型小説『Ｃ☆ｉｎｓ（コインズ）～夢見る奇跡の力』（原案、ＰＨＰ研究所）、『未来の魔法のランプ』（共著、説話社）など。

中西広充《なかにし・ひろみつ》
神奈川県出身。元野球誌編集者。現在は主にＷｅｂ業界にて活躍中。

隈元大吾《くまもと・だいご》
神奈川県出身。湘南ベルマーレの取材などで活躍するライター。

◎単行本　２０１４年10月　イースト・プレス刊

文庫ぎんが堂

プロ野球「悪党《ヒール》」読本

「組織の論理」に翻弄された男たちの物語

2018年10月20日　第1刷発行

著者　手束 仁

ブックデザイン　タカハシデザイン室
本文DTP　松井和彌
編集　畑 祐介
発行人　北畠夏影
発行所　株式会社イースト・プレス
〒101-0051　東京都千代田区神田神保町2-4-7　久月神田ビル
TEL 03-5213-4700　FAX 03-5213-4701
http://www.eastpress.co.jp/
印刷所　中央精版印刷株式会社

ISBN978-4-7816-7175-8

文庫ぎんが堂

文庫ぎんが堂

プロ野球ドラフト「黄金世代」読本　ファンを熱狂させた「8つの世代」
手束 仁

定価　本体667円＋税

「藤浪晋太郎&大谷翔平」世代、「斎藤佑樹&田中将大」世代、「KK―桑田真澄&清原和博」世代、「松坂大輔」世代、「菊池雄星」世代……過去何十年かのプロ野球を8つの「世代」で括り、それぞれの世代の代表的選手をピックアップし、将来への期待も込めて描いた。

プロ野球「背番号」雑学読本　なぜエースナンバーは「18」なのか
手束 仁

定価　本体686円＋税

なぜ沢村栄治の「14」は永久欠番なのか。なぜ巨人の「8」「55」は永久欠番ではないのか。「伝説の背番号」や、球団別「名物背番号」の系譜、背番号がつくった「球界の伝説」など、「背番号」にまつわる㊙エピソードが満載。

星野仙一「闘い」の方程式　トップを目指し続けた男の「人生哲学」
永谷 脩

定価　本体750円＋税

弱小球団だった中日ドラゴンズ、阪神タイガース、東北楽天ゴールデンイーグルスを優勝に導いた「組織力」「突破力」「改革力」「戦略力」「人情力」「復活力」、そして「夢実現力」を徹底分析し、その素顔と采配の真意に迫る。　解説・村瀬秀信

文庫ぎんが堂

マンガ ついていったらこうなった
多田文明(原作)

定価 本体600円+税

人の心はもろく変わりやすい。恋人にふられた、仕事先をクビになったなど、不幸しだいで、心が弱ってしまうことは、ままあることだ。詐欺や悪徳商法は、こうした私たちの心の隙間をいつも狙っている――。実録！ 悪徳商法潜入ルポ。

あやしい求人広告、応募したらこうなった。
多田文明

定価 本体667円+税

キャッチセールス評論家の著者が人気バイトに潜入。「あまりにも理不尽な対応」「死ぬかと思うほどきつい仕事」「ただでさえお金に困っている求職者から、なけなしの金をかすめ取ろうとする悪徳業者」――求人募集には、想像を絶する〝深い闇〟が隠されている。

迷惑メール、返事をしたらこうなった。
多田文明

定価 本体686円+税

日々せっせと迷惑メールの削除をしてから仕事を始める人も多いのではないだろうか。そこで今回は、みんな興味はあるけれども、その見られない先の世界には何が待っているのか、「多くの人が行ってみたいけれども行けない世界」をあえてのぞいてみた。

文庫ぎんが堂

大阪ヤクザ戦争の全貌
木村勝美

昭和50年から約3年にわたり激しい報復戦が繰り広げられた山口組と松田組による「大阪戦争」。この抗争は同時に多くのヤクザたちの極道人生の転機ともなった。6人の男たちに焦点を当てながら、ヤクザ史に残る大抗争の全貌に迫る。

定価 本体800円+税

極道の品格 山口組四代目組長暗殺の首謀者 石川裕雄の闘い
木村勝美

山一抗争において、四代目山口組組長暗殺チームを指揮した悟道連合会会長・石川裕雄は、死刑求刑に身じろぎもしなかった。彼の人生には「任侠」の二文字が深く刻み込まれていた。獄中での言葉、組員や友人の証言等から、伝説の極道の生きざまが浮かび上がる。

定価 本体800円+税

伝説のヤクザ18人
山平重樹

かつての日本には、誰もが〝伝説〟と認めるヤクザたちがいた。「任侠」を貫きとおした彼らは、どう生き、どう散っていったのか。戦後、ヤクザが群雄割拠した時代をのしあがった侠たちが、いま鮮やかに甦る。 解説・宮崎学

定価 本体840円+税